施教以育心
立德以树人

班会课可以这么上

——放大招 施小计

全远姬 主编

图书在版编目（CIP）数据

班会课可以这么上：放大招　施小计 / 全远姬主编． —— 北京：华夏出版社有限公司，2020.7

ISBN 978-7-5080-9938-5

Ⅰ．①班… Ⅱ．①全… Ⅲ．①班会 – 教案（教育）– 中小学 Ⅳ．① G635.5

中国版本图书馆 CIP 数据核字 (2020) 第 081446 号

班会课可以这么上——放大招　施小计

主　　编	全远姬
责任编辑	曾　华
出版发行	华夏出版社有限公司
经　　销	新华书店
印　　刷	三河市少明印务有限公司
装　　订	三河市少明印务有限公司
版　　次	2020 年 7 月北京第 1 版 2020 年 7 月北京第 1 次印刷
开　　本	720mm×1030mm　1/16
印　　张	15
字　　数	223 千字
定　　价	49.80 元

华夏出版社有限公司　　地址：北京市东直门外香河园北里 4 号　邮编：100028
　　　　　　　　　　　　网址：www.hxph.com.cn　　电话：（010）64618981

若发现本版图书有印装质量问题，请与我社营销中心联系调换。

施教以育心　立德以树人
（代序）

班会课在各类学校的课程表上一定占有一个位置。它是在学科教学之外的另一种课型，是班主任对班级学生实施管理时所拥有的专属时空。师生们借助班会课这一交流沟通平台，对班级的各类情况进行研讨和甄别而达成共识。班会课可以增强学生的上进心和荣誉感，提升班级凝聚力。然而，如何上班会课却没有什么标准，既无相应的"课程标准"来宣示其理念，规范其内容，也没有固定的模式来限定其活动方式。即使这样，任何一位班主任都明白：班会课真的很重要！

班会课所呈现的内容有三种：一是根据班主任的希望和要求来指导学生何去何从；二是根据学生的表现来奖优罚劣；三是根据特定的需要（如竞赛、节日、实践活动、突发问题等）来谋划方案。其实，学生在生活、学习中的思想倾向、认知判断、学习成效和行为方式是一个动态的发展过程，方方面面、时时刻刻都会出现问题。是在问题出现前主动有为，防患于未然，还是在问题出现后亡羊补牢，被动善后？这考验着每一位班主任的智慧。能否深入细致地了解学生，把握其群体趋向和个人动态，能否精准地针对学生可能出现的问题及时做出分析，谋划解决方案，这是班主任管理及班会课优劣成败的关键。因此，做好班主任工作并不是一件容易的事情。

本书为做好班主任工作提供了很好的借鉴，它是站在"教化、育养"的高度，培养学生正确的价值取向和乐观的心态，引领学生主动积极地处理学习与生活中的问题。"兴趣培养""习惯养成""情绪调节""生活适

应""习练方法""通畅表达""有效合作"七个栏目对应着七个方面,无一不是班级管理的热点和学生发展的关键。每一节班会课都是班主任着眼学生的学会生存、努力学习、健康成长主动而为的设计,每一个课例都凝结着执教者的辛勤付出和智慧谋划,对班主任工作具有直接的指导意义和借鉴作用。

班主任对学生的班级管理是"晓之以理"而不是"施之以威",上班会课的目的是使学生"情动于中"而不是"避犹不及"。所以,如何设计好一堂班会课就显得非常重要了。在设计班会课时,既不能脱离实际地去理论说教,也不能漫无目标地泛泛而谈,更不能仗着成年人的体魄去施威恐吓。好的班会课就是要接地气、靶位准,就是要活动方式有趣、学习过程完整,还要能使学生主动参与、深刻参悟。

本书有丰富多彩的课例。

课例的第一个特点是针对性强。例如"让自信为我们护航"一课就是使学生认识到自信在学习和生活中的重要作用,促进学生悦纳自我,满怀信心地投入学习和生活,引导学生敢于表现自己,大胆尝试,在实践中体验自信带来的成功和喜悦。再如"班级值日生"一课就是教育学生懂得认真值日是爱劳动、爱班级的表现,使学生萌发乐意做值日生、乐意为集体服务的自豪感,尝试养成"担当"意识,具有"担当"能力。又如"接纳不完美的我""如何聪明地消费""最棒的团队最棒的我"等无一不是针对学生平时可能出现的具体问题来分析症结并矫正失误的心态和不良举止,引导学生选择正确的方向并通过正常的途径融入生活和学习。

课例的第二个特点是覆盖面广。七个栏目几乎涵盖了学生非智力因素的所有方面。众所周知,人智力的提升和优化有时候依赖于非智力因素。像兴趣、爱好、毅力、习惯等,不经过一番认真详备的学习是不可能养成的。书中这方面的课例比比皆是,如"和责任击掌!"其目标就是"明确责任的定义,懂得责任的重要性;明白自己和他人合作时要负起的责任;

知道在团队合作中,哪些事情是应该做的,哪些事情是不应该做的;懂得时刻监督自己的言行举止是否得体"。通过班会课的学习则要"学会合作,懂得担当"。再如"会听的耳朵"一课则是希望学生通过班会课"明确倾听的含义,懂得倾听的重要性;学会听他人讲话,初步掌握倾听的技巧;养成倾听的良好习惯,做一个合格的倾听者"。还如"我坚持,我能行""被讨厌的勇气""我能表达友好"等,也都是着眼于学生成长过程中必不可少的非智力因素的某个方面来引导学生辨别正误,选择最佳途径去锻炼自己,适应生活,融入集体,保持健康成长状态。

课例的第三个特点是参与度高。组织一次班会课,如果不能引导学生积极参与其中,那学习活动的效果将大打折扣。因此,班会课要尽量避免"枯燥、空洞、杂乱"的设计,要精心组织学习过程,以学生喜闻乐见的方式,贴近学生的认知实际,让学生饶有兴趣地投入到学习活动中去,在深入参与活动的过程中去感知问题的症结所在,去感受克服弊端的必要性,去感悟理性提升的喜悦。如许多课例引入漫画来打开学习门路或利用故事来营造学习情景,提起学生的学习兴趣;又能以大量的活动(如小竞赛、小表演、小辩论、小游戏等)把学生带入到学习过程中去,让学生在丰富多彩又贴近自身实际的活动中合作互助,深入探究,识别正误,分享认知。学生上这样的课能够主动地参与,体验必然深刻,收获必然丰富。

任何课例都可能有些许缺憾,这些缺憾虽然对已上过的课是无法弥补的,但对执教者和学习者是能带来借鉴的。因此,本书在结集时安排有每位执教者的"即时反思",每一则反思都从"预设与生成情况的表述""课堂调整""课后建议"三个方面来记录执教者最真实的省察,这一点弥足珍贵,值得学习和推广。组织好一次班会活动,不是只靠经验的复制和灵机一动就能实现的。任何学识的增长和见识的丰富离开了不断的反思都难以达成。因此,阅读书中课例时,绝不要忽略了执教者撰写的反思性文字。当然,如果还有耐心,把文后的"简要点评"部分一并阅读,也是会有些收益的。

班会课可以这么上——放大招　施小计

　　班会课该有怎样的模式？这仍是个见仁见智的话题。施教以育心，立德以树人——这就是我们的初心。只要秉持这样的初心并且坚定地去追求卓越，我们就能用心来设计好每一次课，就会成为学生们成长途中的合格引路人。

全远姬

2020 年 6 月

目录

栏目一
兴趣培养

手掌小画家 …………………………………… 李启凤（002）
我坚持，我能行 ……………………………… 张洋帆（005）
寻找、坚持自己的爱好 ……………………… 范　暹（009）
你也能做个发明家 …………………………… 李晓佳（012）
让自信为我们护航 …………………………… 李艳俊（019）

栏目二
习惯养成

"谁最讲卫生"开启美丽新生活 …………… 曾玉梅（024）
小空间大变化 ………………………………… 陈　晨（029）
会听的耳朵 …………………………………… 朱云霞（033）
班级值日生 …………………………………… 李启凤（039）
认真王国大探险 ……………………………… 柳　婷（044）
好习惯，好滋味 ……………………………… 赖荟宇（048）
我们一起越来越好 …………………………… 余坤阳（052）
奥数该不该学 ………………………………… 赵月华（057）

栏目三
情绪调节

神奇的赞美	魏谊敏（062）
情绪调节——冲动	陈　晨（067）
我能做到不任性	孔　冉（070）
再见，我的坏情绪！	曾玉梅（074）
晴朗的心空	朱云霞（078）
我们都一样	刘　婷（083）
接纳不完美的我	郭宇星（086）
认识自我、接纳自我	丁　怡（091）
被讨厌的勇气	赵月华（096）
暴躁情绪快快走开	李宛蓉（102）

栏目四
生活适应

我是小学生啦	郭宇星（108）
我能表达友好	孔　冉（114）
友谊星，亮晶晶	魏谊敏（117）
放飞想象的翅膀	孔　冉（121）
正确处理矛盾，共建和谐班级	丁　怡（125）
如何聪明地消费	李晓佳（129）
独特的我	范　遥（135）
走出"舒适圈"	柳　婷（138）
呵护生命之花	赖荟宇（141）

栏目五
习练方法

把握人生之舟的方向——锻炼自控能力	范　暹（148）
记忆王国之旅	魏谊敏（151）
倾听	丁　怡（156）
像画画一样写作	李晓佳（161）
时间密码	刘　婷（166）

栏目六
通畅表达

朋友相处，好好说话	余坤阳（172）
善言·暖心·力量	陈　晨（176）
爸妈，我想对您说	丁　怡（180）
让"赞美"之花常开	曾玉梅（185）
爸爸来了	赵月华（190）

栏目七
有效合作

好同桌，手拉手	朱云霞（194）
和责任击掌！	赖荟宇（199）
带着笑容团结行	余坤阳（203）
齐心协力	李启凤（206）

对手？朋友！……………………………… 柳　婷（210）
小小合作，大大好处……………………… 郭宇星（214）
最棒的团队最棒的我……………………… 刘　婷（219）
英语彩虹…………………………………… 张洋帆（222）

后　记……………………………………………（225）

栏目一 兴趣培养

常言道,兴趣是最好的老师。让学生对一样事物或者一门学科,抑或一种技能产生兴趣,是小学阶段教育的重要目标。兴趣的产生可能简单,但要将简单的兴趣坚持下去,并且平衡好课外兴趣与课内学业的关系,常常是家长和学生容易遇到的难题。兴趣培养,不仅仅解决如何使学生产生兴趣的问题,更重要的还包括持之以恒地培育兴趣的问题。在本栏目中,我们分析和解读不同年级、不同学段在兴趣培养过程中可能遇到的典型案例,希望能够对同一学段的老师、家长、学生提供可参考的思路。低年级段的案例,主要围绕如何让学生产生兴趣展开;中年级段的案例,侧重于在深入发展兴趣的过程中遇到困难该如何应对和选择;高年级段的案例,更多聚焦于课外兴趣与课内学业的时间分配、精力调节等矛盾冲突上。本栏目的内容切实地从案例入手,给出了可行的策略或建议。

手掌小画家

福田区外国语学校（南校区）小学部一年级　李启凤

激发学生画画的兴趣，培养学生的观察力、想象力和创造力。

（1）通过手形的变化体验绘画，发挥想象力，感知手形与万物相通之处。

（2）体验合作创造的快乐。

低年级段的学生想象力丰富，而绘画能充分展现学生的想象力。通过绘画兴趣的培养，可以锻炼学生的想象力和动手能力，使学生在绘画过程中发现美，合作创造美，形成积极健康的心态，提高团队合作意识。

1. 激趣导入

小动物们不用颜料不用笔，几步就完成一幅画。它们用什么来画画？我们的手掌可以做什么？看图摆一摆。

2. 症结陈述

看小天鹅的图片，思考它是怎样用手形画出来的。摆一摆，画一画。（故事：森林国王邀请小动物们来参加聚会，首先到来的是小天鹅。）

手掌还可以画什么动物？想一想，说一说。

3. 群策群力

来到森林王国的小动物越来越多了,它们是用什么手形画出来的呢?想一想,摆一摆。(出示长颈鹿、兔子、猫咪、鸭子、恐龙、犀牛、马、鳄鱼的图片。)

4. 合作探究

以小组为单位画出森林王国的动物们,并给它们涂上颜色。

5. 点评分享

(1)以小组为单位分享你们的手掌画。

(2)在小组合作过程中你们是否遇到了问题?怎么解决的?(预设:意见不统一、分工不明确、没做好等。)

6. 总结深化

(1)除了可以画出小动物,手掌还可以画出各种各样的画。(教师出示图片。)

教师总结手掌画的方法。

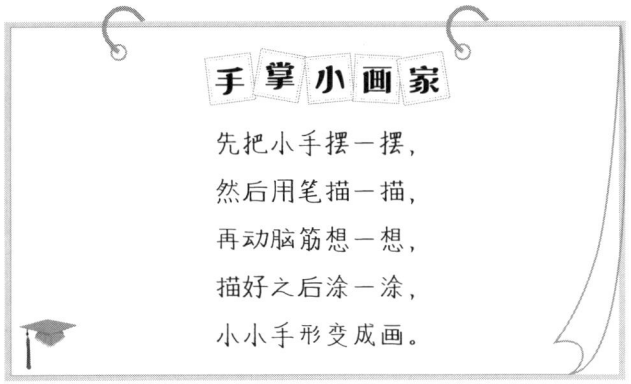

(2)总结小组合作作画的方法。

➢ 小组要有小组长,负责喊口令(怎么选出小组长?)——有组长。

➢ 组内成员有编号(怎么安排组员发言的先后顺序?)——有秩序。

➢ 组内有不同意见时,少数服从多数(怎么解决分歧?)——有商量。

➢ 组内分工协作——有配合。

(3)除了绘画,还可以有其他兴趣爱好。说一说,你的兴趣是什么?

你会怎样做呢?

1. 预设与生成情况的表述

（1）由于年龄关系，一年级学生在"群策群力"环节看动物图画时，较难从抽象的图画中感受到原先的手形。

（2）低年级段的学生在陈述问题时往往表达得不够清楚。

2. 课堂调整

在"群策群力"环节，让学生看动物图画，比一比是怎么摆出来的，为了方便学生认识动物图画后边的手形摆放，老师亲自示范，并鼓励观察力较好的学生上台展示，从而激发更多学生的想象力。

3. 课后建议

教师以一堂绘画兴趣课为切入点，和学生一起发现绘画的乐趣，以及学习小组合作的方法，从而延伸到兴趣爱好的多样性上。课后，可以让学生与父母商量，寻找自己感兴趣的活动，并通过自己的努力坚持、合作，将自己的兴趣爱好转变成自己的特长。

 **简要点评**

小手天天见，功能大无限；想象来观照，瞬间成乐园。——这一课题设置饶有趣味。创新并不遥远，只要多动动脑子，奇特的现象就能创造出来。本课着眼于童心童趣，就地取材，探索联想的空间，扩大联想的边际，主动而有创意地利用手形进行绘画练习。本课尤为可贵的是能够组织起学生的合作互助活动。在课堂上，任何故事情景的营造都离不开同学间的相互配合，这种集思广益与合作，正是当下的课堂教学所要努力企及的。当然，这样的综合性学习，不仅要体现创意的新颖——趣编故事、巧设情景，还要在绘画、灯光、语言修饰、表达特色及舞台调度等方面进行综合设计，使它真正成为多学科综合的实践活动。

我坚持，我能行

福田区外国语学校（南校区）小学部三年级　张洋帆

学习目标

（1）通过学习跳大绳，体验从遇到困难到克服困难并获得成功的成就感。

（2）通过摇绳和跳绳队员之间的配合，体会团体合作的重要性，感受同伴的帮助。

（3）体验坚持的力量，激发学生克服困难的动力，引导学生对自己感兴趣的事情不能因为遇到困难而放弃。

学习要点

（1）学习跳大绳的技巧，体验成就感。

（2）通过课堂总结和迁移，让学生懂得坚持的重要性。

设计初衷

跳大绳是一项能够提升学生之间默契度和信任度的体育活动，也可以在短时间内让学生体验到成就感。通过一节课的技巧训练，学生能够学会跳大绳，获得成就感，并且对这一体育运动产生兴趣。通过随堂小结，这样的体会和感悟将运用到其他兴趣爱好之中。

活动过程

1. 激趣导入

播放一分钟跳大绳比赛冠军组的视频，激发学生想要练习的欲望和想

要超越的好胜心。

2. 症结陈述

学生还未经过跳大绳训练，通过初期的尝试练习，让学生观察自己和视频中的差异，进行观察和对比。

3. 群策群力

（1）甩绳的高度以大绳中间部分打到地面为宜。

（2）甩绳的队员要注意跳绳队员的落脚点，万一有失误，应尽快调整。

（3）跳绳队员进入大绳中间区域再起跳，不要在边缘部分起跳。

（4）跳绳时，一个队员离开，另一个队员立刻跟上。

（5）跳绳队员跳绳完毕，使用8字形走位方式接连。

（6）遇到失误就及时调整，不要抱怨任何队员。

4. 合作探究

（1）练习甩绳：选择两位合适的甩绳队员，他们的身高要匹配。

（2）小组练习：给予害怕跳大绳的队员以适当的指导。

（3）小组挑战：计时1分钟。

（4）小组调整：分析策略，再次挑战。

5. 点评分享

通过课前与课后的对比，让学生体验到练习跳大绳的成就感，并且通过小组练习，磨合学生之间的感情，增进学生之间的信任。课程以鼓励目标达成为正强化，刺激学生的学习动力。

6. 总结深化

鼓励学生进行其他跳大绳组合的尝试，如小组组合的再分配、组员顺序的调整等。

1. 预设与生成情况的表述

学生通过本节课能够学会跳大绳的基本技巧，但是在学习过程中，学生对8字形的理解还需要有更多的不同角度的展示,最好能够用俯视效果图来进行一次演示。

2. 课堂调整

领悟能力强的学生可以作为榜样,通过学生之间的互动,学生的学习动力更强,学习效率更高。

3. 课后建议

建议组织跳大绳比赛,并且进行多次练习和挑战,每次计时1分钟,让学生在练习和挑战中,不断总结经验。

选取在课堂学习中进步最快的学生进行小结,老师要引导和延伸主题,不要让主题停留在跳大绳层面。

进行情景回顾:我们在一开始遇到了什么困难?

学生进行总结,然后回忆他们是如何克服这一困难的,再进行迁移,在其他兴趣与爱好中,是否也遇到了同样的困难,可以怎样克服。

提出"坚持"的主题。调查在一开始有多少学生有过放弃的念头,现在请他们回忆一下克服困难之后的心情,从而引导学生要坚持自己的兴趣爱好。

简要点评

跳大绳是一项常见的学生集体活动。当下亦有许多学校将其列为竞技项目来引导学生积极参与。本课抓住了体验、总结、提升这几个方面来展开,让学生参与自己熟悉的活动,找寻规律,总结提升,进而理解"坚持"在生活中的意义。课堂的起始非常重要,本课的设计抓住了"激趣导入"的应用,引导学生从熟悉的跳大绳切入。然后学生们在实践中去找到症结并对症下药,讨论应对的方法。正是这种条分缕析,才能够引导学生们关注平时的活动,用心来思考,并通过自主学习、合作探究的方式,一起摆难点、找办法。这样就能较好地将学生们的兴趣点激发成兴奋点,再

鼓励大家尝试着去做，初步体会到"坚持"在做成事情上的作用。当然，这类群体参与的课是离不开教具和场地的，设计并开展这类课时，要充分考虑这些情况，如果能够让学生们在课堂上边学边练边体会边提升就更好了。

寻找、坚持自己的爱好

福田区荔园外国语小学（西校区）四年级　范暹

学习目标

（1）学生通过活动感受到良好的兴趣爱好会给自己带来快乐，使自己获得无穷的动力。

（2）适当引导那些还没有形成个人兴趣爱好的学生。

学习要点

（1）在活动中培养学生的自信心和团结合作的能力。

（2）激励学生积极培养自己的兴趣爱好，树立可持续发展的观念。

设计初衷

（1）许多同学都参加了各种兴趣班，但有些是蜻蜓点水式的，或是因为"爸爸妈妈"感兴趣。

（2）提供"我喜欢的业余活动"表，搜集名人故事。

（3）使学生感受到良好的兴趣爱好能让自己的生活丰富而快乐，浓厚而稳定的兴趣能成为学习和事业成功的动力，激励学生积极培养自己的兴趣爱好。

1. 激趣导入

以儿童快板导入课程。

开心快乐星期五，兴趣小组真丰富。
书法小组练耐心，把字写得快又好。
绘画小组真叫棒，人人都是小画家。
乒乓小组气氛好，努力训练争第一。
舞蹈小组练舞蹈，形体优美姿态多。
手工小组拿剪刀，个个都是巧手匠。
合唱小组嗓子好，唱出歌儿真美妙。
摄影小组就是帅，手拿相机展风采。
收获多，快乐多，兴趣小组就是好！

2. 症结陈述

许多同学周末都参加了各种兴趣班。这些兴趣班，哪些是你自愿参加的，哪些是爸爸妈妈认为你应该参加的呢？面对这些兴趣班，你应该如何取舍，如何坚持？

3. 群策群力

如何在业余活动中发展个人的兴趣爱好？

4. 合作探究

（1）展示兴趣爱好带来的收获和快乐：如果将兴趣爱好加以培养，就会成为特长。

（2）分享名人成长的故事。

5. 点评分享

俗话说得好，兴趣是最好的老师。但有了兴趣还不一定能成功，要成功必须先立志。一旦认准目标就应该持之以恒，不懈地努力。

6. 总结深化

遇到困难和挫折时，千万不要轻易放弃自己的目标，只要做到"永不言败、锲而不舍"，就一定会成功！

即时反思

1. 预设与生成情况的表述

学生对新鲜事物会表现出强烈的兴趣,但比较缺乏选择能力,对兴趣爱好的选择还处于从不稳定向稳定过渡的阶段。教师在课堂中了解到,学生们兴趣爱好的范围并不广泛,有局限性。

2. 课堂调整

由于学生的表述具有发散性、不确定性,教师的收放能否自如、如何引导学生围绕着一个话题来谈,都是需要在课堂上进行调整的。教师的引导不能太牵制学生的思路。在与学生交流的时候,教师要专注地倾听,做到因势利导。

3. 课后建议

根据本课的学习,建议学生从广泛的课外学习中选择自己真正的兴趣爱好并坚持下去,这种坚持可以培养持之以恒的品质。参加适当的兴趣班可以使学生的生活丰富多彩,有利于学生健康地成长。

 简要点评

兴趣爱好是自我发展的内驱力,是让自己保持一种高亢的关注度并持续努力的动力。其实,对事物的关注进而引起兴趣是可以引导的。如何将关注点培养成兴趣点,并由兴趣的驱使而形成一定的爱好,是学校教育要认真对待的问题。本课较好地涉及了这一命题,冀望于课堂上有序的互助活动来识别兴趣产生的原点,让学生在实践中去发展认知,去鉴别契合自己的爱好。这样的课例还应该更加细致并多轮次地安排,以增强学生的识别能力。

你也能做个发明家

福田区景秀小学五年级　李晓佳

知道发明创造的动机和意义。

（1）学会一些发明创造的方法。

（2）感受发明创造所需的素质并激励学生提高发明创造方面的素质。

根据人类历史上的发明创造，运用合作探究的方式，采取"发明家研讨大会""脑洞大开""行动起来"等活动，达成学生爱上发明的预设。

1. 激趣导入

教师用幻灯片来展示以下故事，让学生谈谈所受的启发。

日本富豪孙正义在美国伯克利大学求学的时候热衷于各种奇怪的发明创造。孙正义的方法非常简单，他做了好多卡片，在每一张卡片上写下一个事物，然后排列组合，由此创造出新玩意儿。他在卡片上写下钉子、吃饭、板凳、婴儿等，然后把它们组合起来，就有可能产生新的想法。例如，把婴儿、吃饭和板凳结合起来，就是婴儿用餐椅……诸如此类。

很多人可能不知道，从严格意义上来讲，人们使用的电子词典就是孙正义发明的。他把发音设备、辞典和液晶显示屏巧妙地结合起来，做成了能帮人纠正发音的电子词典。这项专利后来被夏普购买，并且完成了商品化。

思考：用一句话说说你从中得到了什么启发。

2. 症结陈述

教师：从上面的故事可以看出，发明创造源于生活，只要用心，谁都可以进行发明创造。那么，想要发明创造出对人类有用的物品时，我们需要考虑什么呢？

3. 群策群力

学生：自由地说出发明创造时要考虑的因素。

教师总结：进行发明创造要考虑的因素很多，这节课老师带着大家主要从发明创造的动机和意义、发明创造的方法、发明创造者的素质三个方面去探究如何让自己慢慢成长为一个发明家。

4. 合作探究

活动1：发明家研讨大会——发明创造的动机和意义

在一次国际发明家大会研讨中，主持人给大家讲了三个故事来阐述发明创造的动机和意义。

故事1：瓦特是二百多年前英国的科学家。他小的时候，有一天看祖母做饭。火炉上，一壶水开了。开水在壶里翻滚，壶盖不住地上下跳动，发出"啪啪"的声音。瓦特很奇怪，就问祖母："奶奶，壶盖为什么会跳动呢？"祖母回答不上来。从此，瓦特就常常坐在炉子旁边仔细地观察。他看见水开了，壶里的水汽直往上冒，冲起了壶盖。他想："壶盖是被水汽推动的，一壶开水产生的水汽，能够推动一个壶盖，更多的开水会产生更多的水汽，不是可以推动更重的东西吗？"瓦特长大以后，还是不断研究这个问题。他吸取了前人的经验，经过很多试验，改进了蒸汽机，推动了人类的工业革命。

故事2：方便面的发明据说是因为寒风中日本人早起排队等热面的场景被安藤见到，安藤想："能不能让热面变得简单易做，在家也能自己炮制

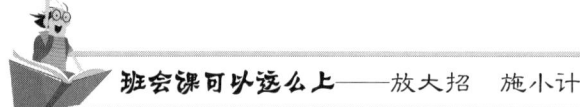

呢？"安藤在自家的院中成立实验室，买来制面机、面粉等一大堆生产工具和材料，开始搞速食面。面要能保存，还要马上可以吃。安藤曾把自己所有能想到的配料都扔到制面机上去。安藤最终想到了现在流传下来的办法：用油炸完，然后用开水泡。面炸过以后会出现许多细孔，这些细孔能吸水，面很快变软，物理成因相当简单。他后来创办了"日清"方便面公司。

故事3：拉链是由美国芝加哥机械师贾德森发明的。贾德森为了解除每天系鞋带的麻烦，就发明了一种可以代替鞋带的拉链。这种拉链是由一排钩子和一排扣眼构成的。用一个铁制的滑片由下往上拉，就可使钩子与扣眼一个个依次扣紧。从此，他解除了每天系鞋带、解鞋带的麻烦。1893年，贾德森申请了专利。

作为与会的小发明家，你听出这些发明背后的动机和意义了吗？

各种发明

故事	发明的物品	源自生活的哪一个问题或需要	得出的答案或方法	影响的层面 （请勾选相应的选项）
故事1				□个人 □集体或国家 □人类
故事2				□个人 □集体或国家 □人类
故事3				□个人 □集体或国家 □人类

被抽取的小组分享自己的表格。

其他小组思考：发明创造一般是在什么情况下进行的？发明创造会带来哪些影响？

教师：通过上面的故事我们知道，身边的发明创造并不神秘，都是生活中有人因某一问题或需要，经过反复思考得到"答案"而诞生的。尽管发明者最初并没有立下很崇高的志向，肩负很重大的使命，但却为自己、集体、人类带来了深远的影响。只要在生活中注意思考，善于发现问题，人人都有机会做一个"发明家"。

活动2：脑洞大开——发明创造的方法

有一种发明创造的方法是我国学者根据上海市和田路小学开展创新活动所采用的技法总结提炼而成的，共12种，称为"和田十二法"，又称"聪明十二法"。

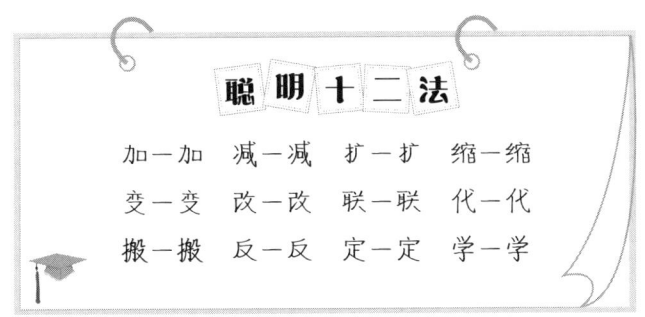

有人用"聪明十二法"对风扇进行了改进，这里列举五种。

加一加：带电脑的电扇，能根据温度的变化调节风量。

变一变：球式电风扇、大厦电风扇，通过结构状态的变化，使电风扇的使用性能发生变化。

改一改：保健电风扇，改掉风扇易使人感冒的缺点。

联一联：驱蚊电风扇、催眠电风扇，将电风扇应用于家庭灭蚊、催眠等。

学一学：太阳能电风扇、遥控电风扇，将太阳能、遥控等新技术应用在电风扇上。

小组内每人用上述五种方法中的一种对身边的物品进行改进，并将它在白纸上画出草图。（如雨伞、黑板擦等）

各小组分别派代表带着草图上台汇报自己的改进方案。

下面的学生思考：你觉得他的改进方案使用"聪明十二法"了吗？用得合不合理？改进方案是否符合生活的需要？

教师适当点评学生的评价。

活动3：行动起来——发明创造者的素质

假设你的小组选择了某套方案要去进行发明创造，请填写一个执行计划。

发明创造的执行计划

序号	6w2h	内容
1	who：谁去发明创造？	
2	which：发明什么？	
3	when：什么时候创造出来？	
4	where：在什么地方制作？	
5	what：制作需要什么零件、材料、道具？	
6	why：为什么要发明？	
7	how：如何制造？（方法、要求）	
8	how much：要做到什么程度？（模型、能使用的单一成品、形成生产线量化生产……）	

说说现在的你能做到什么程度？在哪些方面会遇到困难？

学生在小组内交流、归纳。教师指名回答，适当点评。

教师：目前来说，我们想获得突破性的发明还是有不少困难的，那么，我们如何实现自己的理想？让我们来看看发明创造者应该具备的素质，你或许会得到一些启示。

发明创造者的素质

- 观察力：善于发现生活中的问题或人们的需要，从中获得启示或灵感。
- 思考力：寻根问底、持续思考得出答案的能力。
- 科学知识：基础的和相关专业的科学知识。
- 实践能力：落实想法、动手操作的能力。
- 创新精神：敢于质疑、大胆创新、特立独行的精神。
- 行动力：利用一切资源、排除万难、持之以恒，直到得出自己满意成果的能力。

教师：从上表可以看出，要成为一个发明家，需要在生活中留心观察、细心思考以获取灵感，学好基础和相关专业的科学知识以提高自己的动手能力。除此之外，还要有大胆创新的精神和克己坚持的行动力。

5. 点评分享

要努力提高自己发明创造相关方面的素质。只要足够努力，你就会梦想成真。有志做发明家的同学在这些方面都要努力！

6. 总结深化

最后，我们读一些有关发明创造的名言来勉励自己。回家后也可以将今天的草图做成小手工作为激励自己的纪念品。

做个发明家你也行，从现在开始，从行动开始，让自己越来越有创造力！

有关"发明创造"的名言

这种创新代表着社会所需要的东西：首创性、进取心和创造精神。——佚名

我创造，所以我生存。——罗曼·罗兰

一个具有天才的禀赋的人，绝不蹈循常人的思维途径。——司汤达

发明是百分之一的聪明加百分之九十九的勤奋。——爱迪生

1. 预设与生成情况的表述

预设学生在每个探究活动进行汇报时会表述不清或不全面，教师要准备好总结的幻灯片或语言，让学生对每个相关知识点一目了然，真正学有所得。生成情况与预设基本一致。

2. 课堂调整

"发明家研讨大会"这一环节让学生从若干发明创造的故事中揣摩发明

创造的动机,老师可以对故事、表格进行适当的筛选、增减。"脑洞大开"这一环节想让学生掌握激发自己发明创造思维的方法,可以选用其他启发创造思维的方法来训练学生。"行动起来"这一环节意在让学生真正进行发明创造实践,也可以让他们看发明创造从构思到诞生的相关视频。整节课旨在激发学生立志学好科学知识、提高自己的创造力,老师要多用暗示性、激励性的语言让学生对发明创造产生兴趣。

3. 课后建议

鼓励学生课后将自己在课堂上用"聪明十二法"设计的草图做成小手工作为激励自己的纪念品,或让学生根据本节班会课所学的相关知识写一篇日记,将自己对相关知识运用的情况和感受记录下来,有兴趣的同学可以在日记中谈谈如何提升自己发明创造的素质。

 简要点评

有人曾担心人类该如何在人工智能面前保持优势和特性,当下的科学家给出的结论是,只有人类所具备的"情感和灵感"是人工智能永不可超越的。是的,"情感和灵感"是人类作为"万物之灵"所独有的,而灵感又是创造之源。本课结合一些发明创造的成功案例,引导学生关注身边事物,激发学生的创造欲,培养学生的求异创新精神。当然,灵感缘何产生是个见仁见智的问题,但多数人认可"长期积累,偶然得之"这一观点。因此,热爱生活,做生活的留心者,并时时在生活中细细观察尤其重要,没有这种细致的体验,长期积累就是一句空话,灵光也不可能及时地闪现。如此来看,做一个小发明家是离不开兴趣的激发、爱好的培育的。

让自信为我们护航

福田区福强小学六年级　李艳俊

学习目标

（1）认知目标：使学生认识到自信在学习和生活中有着十分重要的作用，只要树立信心，再加上自己的努力，就一定能把事情干好。

（2）情感目标：促进学生悦纳自我，积极、主动、乐观地学习和生活，对自己和未来充满信心和希望。

（3）行为目标：引导学生敢于表现自己，敢于大胆尝试，在实践中体验自信带来的成功，做到"胜不骄，败不馁"。

学习要点

让学生明白自信心是可以通过后天培养的，并能运用适当的技巧践行自信。

设计初衷

针对小学六年级的学生面临小升初的各种压力，通过心理活动课的方式，促使他们懂得调适，树立自信，从而勇敢面对各种压力。

活动过程

1. 激趣导入

自信感知（议一议）：

（1）谈话交流，出示漫画。（关于自信的漫画《跨沟壑》）

（2）观察漫画，发表见解。

（3）老师小结，揭示主题。

有些事情就是这样，表面上看起来很难，但只要勇于克服胆怯、消除自卑、树立信心、努力实践就会发现——"我能行"。同学们，在成长的历程中，我们难免遇到风风雨雨、坎坎坷坷，让自信为我们护航吧！

2. 症结陈述

自信故事（讲一讲）：

（1）什么是自信？自信是一个人对自己力量充分合理的估计，深信自己一定能实现所追求的目标。

（2）一个人成功的程度往往取决于他自信的程度。拿破仑曾经说过，我成功是因为我志在成功。这样的名人故事很多，如迈克尔·乔丹的、邓亚萍的。你还知道哪些呢？

（3）读一读有关自信的名言。

（4）比较自信与自卑、自负。

3. 群策群力

自信表现（想一想）：

自信的人，我们可以感觉得到。大家想一想人在自信时的表现是怎样的？

- 外貌和表情：眉毛扬起来、眼睛炯炯有神、微笑、精神抖擞；
- 举止和态度：昂首挺胸、正视对方、自然舒展、热情友好；
- 心情和体会：愉快、轻松、开朗、舒适、平静、安稳；
- 个人品质：果断、真诚、勇敢、守信、虚心、可靠、幽默、理智、负责。

4. 合作探究

自信技巧（记一记）：

（1）排除杂念。写出消极的暗示，然后在旁边打"×"，把它抛弃，例如：

> ➢ 毕业复习实在太辛苦、太紧张了！×
> ➢ 我天生比别人笨。×
> ➢ 我的早期教育很差，比不上别人……×
> ➢ 我虽然明白了以上道理，可惜太晚了。×

（2）走路挺胸抬头。人的外部姿态与人的内心状态密切相关。人在充满信心时会挺胸抬头，走起路来步伐坚定有力，速度也稍快。人在丧失信心时会低头哈腰，走起路来步伐软绵，速度缓慢。经常挺胸抬头、步伐坚定有力，有助于增强信心。

（3）运用积极的自我暗示。受到消极的暗示较多，不利于信心的增强。要运用积极的自我暗示来改变自己的心态，增强自己的信心。例如，心中默念"我有实力！""我有能力！""我会成功！""我一定会成功！"这类语言能起到增强信心的作用。

自信展示（做一做）：

交代要求，分组抽签；组员商议，准备展示；分组汇报，展示自信。

5. 点评分享

师生评议，听歌总结。

6. 总结深化

自信是理想的风帆，是成功的基石，是用之不竭的财富。成功首先离不开自信。让我们从小就扬起自信的风帆吧！

1. 预设与生成情况的表述

预设在愉悦的活动中，教师以指导者、参与者的身份出现在学生当中，营造一种和谐的氛围。在这种和谐的氛围中，学生觉得老师就是自己的学习伙伴，感到特别轻松，探究自信的热情会被激发起来，自信的种子也就在学生的心里得以生根发芽。生成情况与预设基本一致。

2. 课堂调整

培养学生自信心是心理健康教育的重要内容。每个人内心都蕴藏着积极的力量,但不是每个人都能够认识到自己的潜质,儿童尤其如此。心理健康教育的目标之一就是帮助学生认识自己,发现自己的潜能,获得对自我的积极认同。"让自信为我们护航"一课通过创设活动情景,使学生"看中激趣、玩中悟理、议中求真",培养自信,其活动设计符合心理辅导的理念。教学目标能够注意到认知、情感与技能的结合;活动内容比较丰富,从克服自卑、建立自信,区分自负、明辨自信,到体验自信、尝试成功等,有一定的层次感。

3. 课后建议

在设计培养自信、克服自卑的活动时,避免一味联系学生的学习情景,可以多联系其生活情景、与同伴的交往情景等。设计的问题要与学生的生活密切相关,设计的活动还可以增强些趣味性。

 简要点评

"自信人生二百年,会当水击三千里。"自信并非一个人与生俱来的品质,但却是不可或缺的。本课注重到了这一品质的养成教育。本课开始时的那组《跨沟壑》漫画选得很好,在自信心建立初期,每个人都会遇到那种犹豫不决的情形,它能够让学生体会到面对挑战时,应该怎么做——充分估计,认真准备,大胆尝试。接下来的学习过程安排得井然有序,由生活中的一些正、负面事例,引起学生的比较和取舍,再经由互动合作,分享所思所想,交流应对之策,从而引导学生坚定且自信地表达自己的心声,擘画自己面对各类事物时的行为方式。

栏目二 习惯养成

孔子曾说过,"少成若天性,习惯如自然"。小学阶段是习惯养成的关键期,是个人素养的提升期。但由于个体、家庭、学校乃至社会环境等多元因素的影响,很多家长和孩子注重学业的发展而忽视了习惯的培养,有可能"高分低能"。其实能给学生带来终身受益、幸福生活的不仅仅是知识、技能,还有兴趣、习惯和方法。

习惯不是天生的,也不是一成不变的。在本栏目中,我们通过活动游戏、体验感悟、交流分享、群策群力等方式,与学生一起学习最基本的良好的学习、生活、卫生等习惯,探讨改掉不良习惯的方法,让良好习惯不仅成为学生自身优良品质的标志,更是其自身文明的名片。

"谁最讲卫生"开启美丽新生活

福田区荔园外国语小学(西校区) 一年级 曾玉梅

学习目标

（1）使学生从小养成爱清洁、讲卫生的习惯，克服不良卫生习惯。

（2）初步培养学生的健康意识、卫生意识及交往意识。

（3）进一步学习洗手、刷牙、读写的正确方法。

学习要点

养成讲究个人卫生的良好习惯。

设计初衷

一年级是习惯培养的最佳时期，卫生习惯的养成会直接影响孩子的学习和生活。一年级学生入学不久，很多人喜欢在走廊的地板上趴着玩，常常弄得衣服、手脏兮兮的。他们常常不洗手就吃东西，导致病菌侵入体内。遇上流感高发期，生病的孩子较多。由此可见，培养良好的卫生习惯尤为重要。本节课的设计重点为个人卫生习惯的养成。

活动过程

1. 激趣导入

活动一：比一比，卫生标兵我来当

教师：同学们，今天我们来进行卫生大评比。下面请大家按学习小组坐好，由组长检查，比一比小组内谁的手、脸、衣服最干净。

学生互比。比一比后，各小组长汇报情况。

教师：我们班大部分同学都是爱干净、讲卫生的好孩子。（板书：爱清洁，讲卫生）

2. 症结陈述

活动二：找一找，卫生搜查我能行

（1）播放《邋遢大王》视频。

（2）邋遢大王到底遇到了什么麻烦？为什么有这些麻烦？

（3）学生说一说：邋遢大王常常用脏手拿东西吃；邋遢大王不爱洗澡，身上总是有股怪味；邋遢大王乱扔纸屑；邋遢大王从来都不收拾自己的物品。

（4）小组交流讨论：这些邋遢习惯给他的生活带来什么麻烦了？

（5）找找自己或者身边小伙伴有没有不讲卫生的，看看不讲卫生给生活带来什么麻烦了。

（6）小结：不讲卫生麻烦大，不仅影响我们的学习和生活，还会影响我们结交朋友。

3. 群策群力

活动三：评一评，不良习惯我能辨

（1）老师：同学们，这儿有几个小朋友有不好的习惯，我们看一看。（PPT出示）

➢ 一个小朋友叼着笔看书。（讨论反馈：叼着笔看书不卫生。）

➢ 一个衣服、手、脸都很脏的小朋友，边走边用手擦脸。（讨论反馈：这个小朋友不讲卫生，应该把衣服、手、脸洗干净。）

➢ 一个小朋友躺在床上吃东西。（讨论反馈：睡觉前要先刷牙，不能躺着吃东西。）

➢ 一个小朋友在瓜果棚里吃没洗过的瓜果。（讨论反馈：不能吃没有洗过的瓜果。）

➢ 小红每天早上穿好衣服，马上刷牙洗脸。（讨论反馈：每天早晚要刷牙洗脸，这样不仅有利于自身健康，而且是一种礼貌的表现。尤其是

如果不刷牙，与别人说话时会喷出一股难闻的气味，会让别人不想接近你。）

➢ 小明饭前洗手。（讨论反馈：手经常摸东西，有很多细菌。手的卫生很重要，饭前便后一定要洗手。如果手脏了不洗干净，既影响健康，和别人交往时也显得不文明。）

（2）提问：这些小朋友的不良卫生习惯，同学们有吗？

（3）学生自我反思身上的不良卫生习惯。

4. 合作探究

活动四：玩一玩，良好习惯我知道

（1）以小组为单位下飞行棋。（飞行棋中设置了文明卫生关卡。）

（2）三个获胜组分享卫生习惯要点。

第一组：与细菌作战六个"勤"（勤洗手、勤洗头、勤洗澡、勤换衣、勤剪指甲、勤理发）。示范洗手的五个步骤。

第二组：与牙菌大作战计划。示范正确刷牙、漱口的方式。

第三组：用眼卫生。示范正确阅读、书写的姿势，示范眼保健操。

（3）小结：不讲卫生、不爱清洁会给我们的身体带来许多危害。良好的个人卫生习惯能够让我们身体更加健康，生活更加快乐。

5. 点评分享

今后大家互相帮助、互相监督，争取人人都做一个爱清洁、讲卫生的好孩子。这儿有一张表，发给同学们课后对照检查。做到了的画"√"，比一比谁最爱清洁、讲卫生。

卫生情况

	星期一	星期二	星期三	星期四	星期五	星期六	星期日
早晚刷牙							
吃东西后漱口							

栏目二 习惯养成

	星期一	星期二	星期三	星期四	星期五	星期六	星期日
早晚洗脸							
饭前便后洗手							
头发梳整齐							
每天洗澡							
系好扣子							
勤换衣物							
不乱扔果皮纸屑							
坐姿端正							
其他							

6. 总结深化

活动五：唱一唱，卫生习惯记心中

全班一起一边拍手做动作，一边唱歌。

卫生习惯拍手歌

你拍一，我拍一，讲究卫生要牢记。

你拍二，我拍二，专用饮具和手绢。

你拍三，我拍三，早晚刷牙和洗脸。

你拍四，我拍四，睡前不要吃零食。

你拍五，我拍五，经常洗澡换衣服。

你拍六，我拍六，饭前便后要洗手。

你拍七，我拍七，生吃瓜果别忘洗。

你拍八，我拍八，常剪指甲常理发。

你拍九，我拍九，穿戴整洁系好扣。

你拍十，我拍十，做个文明好孩子。

1. 预设与生成情况的表述

在合作探究环节，学生通过玩飞行棋中的闯关小游戏，在每个关卡中都能学会一些"爱清洁、讲卫生"的小常识和小技巧。这个环节原本应该是本节课趣味最浓的一个环节，但是耗时较长，导致部分小组没有完成任务。

2. 课堂调整

因为有一部分小组没有完成任务，所以在小组分享时只找了完成任务的小组来分享。

3. 课后建议

对于这个游戏，要分清楚任务，提清楚要求，同时还要删减部分烦冗的环节，让这个游戏简洁明了，便于在课堂上操作。

 **简要点评**

"邋遢大王"似乎是最不讲卫生形象的代名词，而这个称谓也能唤起无数学生对坏习惯的记忆。学生虽然初入学堂，但身上的某些习惯却不是从零开始的，一定带有家庭的印记。低年级段是习惯养成的关键时期，而对某些尚未完全形成的不良习惯进行矫正是非常紧迫的事情，正好可以在低年级段完成。本课的设计就从这些方面着眼，把学生带入各类情景，让学生在自己熟悉的生活中省察彼此的行为，鉴别习惯的好与坏，认同并努力践行良好的习惯。学习的最后用一首儿童歌谣来梳理平日生活中个人卫生的重要方面，在朗朗上口的诵读声中强化对个人卫生习惯的认知和对行为方式的选择。

小空间大变化

福田区荔园外国语小学(西校区) 一年级　陈晨

学习目标

（1）了解书包的各个区域，能够正确地使用书包。

（2）学会管理书包，能够使用学科袋。

（3）体会整理书包带来的好处。

（4）能够自己的事情自己做。

学习要点

（1）正确使用书包的各个区域。

（2）科学地管理书包，正确地使用学科袋子。

设计初衷

（1）低年级学生由于没有管理书包的习惯，往往学科资料带不齐全，课前准备不充分，导致浪费了时间。

（2）采用情景再现的模式反映问题；通过小组活动体会整理书包的重要性。

（3）通过认识书包分类、合理使用书包，养成整理书包、管理时间的好习惯。

活动过程

1. 激趣导入

（1）动画情景：书包的自白。（以动画形式表现书包的功能。）

（2）展示书包（实物），请学生说一说：你会把什么放进你的小书包？（预设：学生会提到课本、文具、练习册、水杯、方巾、水果、糖块、玩具等。）

2. 症结陈述

（1）分类不清，区域混乱。

（2）不属于书包的物品放入书包。

（3）课前准备时，由于书包管理不当，导致浪费时间。（以上问题通过"我的书包我做主"整理比赛展示，让学生直观感受书包存在的问题，突出管理书包的重要性。）

3. 群策群力

（1）"小书包大侦探"：针对刚才比赛中出现的问题，让同学进行"小书包问题大发现"的问题查找。

（2）各个小组都选择一个问题并进行讨论。（预设：图画分类、卡片分类等。）

（3）各个小组都展示本组的解决方案，突出本组的特色和优势。

4. 合作探究

选择一种解决方案进行课堂演示，本次选用的是学科袋分类法。

（1）正确认识和使用书包：出示书包常装的物品。

（2）介绍学科袋的主要功能：出示不同颜色的学科袋，根据自己的需要设定学科袋的数量。

（3）讲解学科袋的使用方法：首先，将物品归类；其次，将学科袋进行相应的名称标注（语文+班级+姓名、作业袋、试卷及报刊袋等，以此类推）；再次，把每项归类的物品放入写好名称的学科袋；最后，将学科袋按照每日的课程表顺序摆放，要上交的作业袋一般放在最上面。

（4）通过实际操作说出使用学科袋在书包管理中的优点：

➢ 操作简单，物品明晰，便于管理；

> 提前按照作息时间整理，养成了良好的习惯；
> 学科袋的使用保持了书包的整洁和有序；
> 每天能够根据学科袋的提示快速找到相应物品，节约了时间，提升了自己的事情自己做的能力。

5. 点评分享

（1）我对自己的书包有了哪些新的认识。

（2）通过看同学分享的管理书包办法，我学会了哪些小妙招。

（3）整理书包带给我的最大感受是什么。

1. 预设与生成情况的表述

预设学生通过认识书包的功能并合理使用书包能养成整理书包、管理时间的好习惯。学生课堂表现尚好，但养成习惯需要时间。

2. 课堂调整

低年级学生的生活经验有限，需要做一些课前准备工作，在展示汇报时需要关注其语言表述。

3. 课后建议

"合作探究"部分改为多种形式的互动讲解可能更好。

 **简要点评**

书包对学生而言的确十分重要，不仅天天都要携带，而且时时都要面对。本课从低年级学生行为习惯的养成角度切入，通过一系列的活动和互助，明确书包的功能，并尝试科学地使用书包，让学生认识到小书包里有大乾坤。这些都是挺好的设计，只是课堂的趣味性尚不足。现代儿童所用的书包与古代学子随身携带的书箱是一脉相承的，只是将车载肩挑改为双肩背负罢了。现代儿童所使用的书包，不只是顾名思义的"书包"那么简

单,它还是一个孩子离开家后唯一陪伴在身边的"盛物袋",里面装着家长的许多心思!因此,在给学习类用品留足空间之外,一定要给生活类用品留下点空间,否则,将不符合当下学生的生活状态。此外,在下课前若能安排一个背书包的小活动就更好了,让大家互相比比看,谁做得最好。书包背在身上,书包要正,人要腰杆挺拔、昂首挺胸。这样,学生的认知就更完整了。

会听的耳朵

福田区荔园外国语小学（西校区）二年级　朱云霞

学习目标

（1）明确倾听的含义，懂得倾听的重要性。

（2）学会听他人讲话，初步掌握倾听的技巧。

（3）养成倾听的良好习惯，做一个合格的倾听者。

学习要点

（1）通过"飞、跑、跳、停"热身赛，引出活动主题，使学生意识到认真听的重要性。

（2）通过童话故事和听力训练游戏，总结认真倾听的方法。

（3）通过自评与互评引导学生提高自我要求，早日养成认真倾听的好习惯。

设计初衷

小学一至三年级是培养学生注意力的最佳时期。二年级的学生已基本适应了小学生活，人际关系更为融洽，个性也更为鲜明。每个人都希望充分展示自己的能力，而较少关注到别人的观点。本课通过团体听力挑战活动、小组讨论、故事分享等形式来使学生掌握倾听的技巧，做一个合格的倾听者。

1. 激趣导入

活动一：听力挑战热身赛"飞、跑、跳、停"

（1）游戏规则："1"代表飞飞；"2"代表跑跑；"3"代表跳跳；"4"代表原地不动。教师说口令"1""2""3""4"，学生就要做出相应的动作。除"4"以外，其他动作都要做三遍。如果做错了，学生要大声说"对不起，我错了！"然后继续游戏。

（2）进行游戏活动。

2. 症结陈述

整个游戏活动持续三分钟，教师也参与其中，气氛活跃起来即可。游戏结束后，六人小组面朝前方坐好。学生认识到，原来，有一双会听的耳朵如此重要！

3. 群策群力

活动二：故事分享——谁会听？

灰熊老师在讲课，小松鼠看着窗外的小蝴蝶。小浣熊看着黑板，但是身体在椅子上扭来扭去。小喜鹊看着黑板，时不时嘀嘀咕咕，发出声音。小兔子在认真听，一动不动，不过眼睛没有看着老师和黑板。小乌龟听得很入神，目不转睛地看着老师和黑板。灰熊老师问大家："谁觉得自己是认真听课的宝贝？"大家都举手。灰熊老师说："听不只是用耳朵听哦，还要用眼睛。你的眼睛看着老师了吗？还要用嘴巴，你的嘴巴安静了吗？还要用身体，你的身体安静了吗？"

（1）自由分享：你认为谁最会听？为什么？

（2）小组讨论：怎样才能做到认真听讲？

（3）教师总结，根据学生的讨论出示倾听细则。

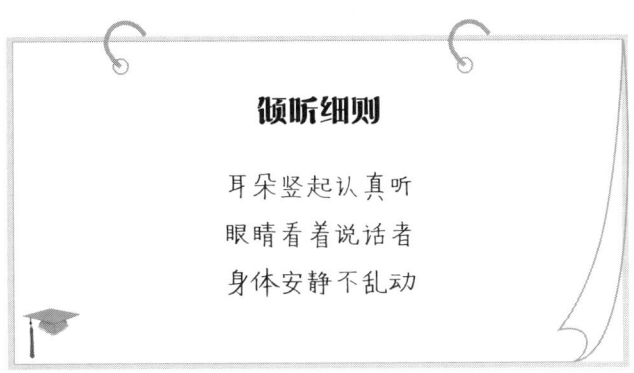

倾听细则

耳朵竖起认真听
眼睛看着说话者
身体安静不乱动

4．合作探究

活动三：谁善听？

（1）几个"羊"字？

教师：送给大家一首好听的歌曲，请仔细听，待会儿老师要来考考你们是否注意听了。（播放歌曲《别看我只是一只羊》。）小朋友们听得都很认真！你们注意到这首歌的歌词中出现了几个"羊"字吗？（歌曲播完，教师提问。）

（2）学生交流、反馈。

（3）教师点评：集中注意力是一切学习活动的开始。同样是听一首歌，大家有的选择去听歌词的内容，有的选择去听动听的旋律，没有人选择去听歌词中的"羊"字。这就说明，人的注意力是有选择性的。如果在听歌前老师明确要求大家听歌词中出现的"羊"字，带着目的去听，大家都有可能顺利说出答案来了。

（4）再次听歌。学生听完再次回答同样的问题，正确率大大提高。

（5）总结：做任何事情都要集中注意力。只有带着问题去思考，才能达成目标。（教师板书：带着问题仔细听。）

5．点评分享

活动四：我会听吗？

教师：同学们，大家知道了认真听讲的基本要求，是否做到了呢？如果暂时还没有，请改正。

（1）发放"我会听"记录表。

"我会听"记录表

好习惯	我已做到	我能做到
听课时我盯着老师和黑板。		
我的耳朵在认真听课。		
我的小手很安静，没有动其他东西。		
我的小脚很安静，没有乱动。		
我的身体很端正，不会扭来扭去。		
有别的声音我也不会去关注。		
我的嘴巴很安静，不会乱讲话。		
我的小脑袋跟着老师讲的内容转，不会想别的。		

（2）每个小组都发放足量的小红花贴纸。

（3）学生根据教师的引导，确定是否可以给自己贴上相应的小红花。

（4）学生在小组内交流自己的记录表，看看哪几项贴了小红花。如果其他同学提出不同看法，自己要认真想一想。（学生可以互相提出建议。有的学生认为自己做到了的项目，实际上没有做到；有的学生实际上做到了，但自己没有贴小红花。提醒学生给出建议时要有礼貌，听同学建议时要虚心，有争议时可以请教老师评判。）

6．总结深化

（1）重申认真听讲的基本要点：用耳朵、用眼睛、用身体、用心。

（2）将自己的"我会听"记录表拿给好朋友和爸爸妈妈看一看，也可以听听老师的意见，分析自己在课堂听讲时需要改进的方面，以及如何改进。

1. 预设与生成情况的表述

小学阶段学生的注意力水平在不断发展，是培养注意力品质的重要阶段。学生的学业成绩和其课堂注意力水平呈正相关，低年级学生学习过程中的注意力培养极为重要，教师既要利用无意注意的规律组织课堂教学，又要培养学生的有意注意，提升学生对注意力培养的主动性，为逐渐增加的学业任务打下良好的基础。本节课为小学低年级学生而设计，采用热身活动、童话故事、注意力训练游戏等能调动学生积极性的方式来引导学生初步了解专心和分心的区别，体验到专心带来的好处，并能对自己的行为和习惯进行觉察、反思，在小组内开展自评与互评，重视良好听课习惯的养成。

2. 课堂调整

在自评阶段，有的学生对自己没有做到的项目有点害羞，不敢在组内自由地表达。于是，老师先暂停讨论，告诉学生能够认识到自己的不足是真正聪明的孩子，这样才知道自己努力的方向，并且有同学的监督和帮助，会取得更大更快的进步。学生卸下了心防，终于敢在组内坦诚地表达了。

3. 课后建议

良好习惯的养成不是一蹴而就的，需要长期的坚持。此次班会课调动了学生的积极性。只有在平时的课堂上围绕"会倾听"开展小组评比和个人评比，及时肯定学生的每一点进步，才能让短暂的热情真正变成个人良好的习惯，注意力品质才能真正提高。

这是一个设计得很完整并且很实用的课例。学会倾听是学生必须养成的良好习惯。只有听得明白，才能正确解读，信息的储存和再现才能得体。

本课设计的游戏也较有趣味,由是否会听和善听来鉴别优劣,再让学生通过一份自测报告(表格)来验证自己的不足,这对学生养成会听、善听的习惯大有帮助。本课的设计还能够更完善一些,把听和说结合起来。什么样的听才是最完整的?应该多次练习对信息的接受、解码、储存、提取、再现这一过程,让学生知道认真地倾听、正确地解读、完整地传达这些环节都很重要。当然,对低年级的学生不必在理论上讲解得那么详细,只让他们在练习中体会言语交际的完整过程即可。电视节目中经常出现的"耳听口传"游戏能够给我们带来些启发。

班级值日生

福田区外国语学校（南校区）小学部二年级　李启凤

学习目标

（1）初步懂得认真做值日是爱劳动、爱班级的表现，萌发乐意做值日生、乐意为集体服务的自豪感。

（2）通过观察、讨论、情景演绎等方式学会如何当一个合格的值日生，学会与同学互相合作、相互帮助。

（3）基本了解当值日生应该做哪些事情，掌握收拾、整理教室的基本技能，初步养成"担当"意识，具有"担当"能力。

学习要点

（1）掌握收拾、整理教室的基本技能。

（2）学会与同学互相合作，相互帮助。

（3）养成"担当"意识，具有"担当"能力。

设计初衷

升入二年级的学生希望成为老师的小助手，为同学服务，为班集体做事。但是，部分学生在家里都是"掌中宝"，生活在父母的呵护之下，凡事都以"我"为中心，几乎什么事都不做。本课设计"班级值日生"活动，引导学生"在同学的帮助下制定可行的目标并努力去实现"，帮助学生树立服务意识和主人翁意识，培养其集体责任感。

活动过程

1. 激趣导入

迎着美丽的朝阳，一群红领巾早早地来到了校园。看！我们自己的校园多么干净整洁呀！说说你在这样的环境中学习，心中有什么感受？

2. 症结陈述

找一找班级哪些地方有垃圾，或哪里不干净、不整洁。可以拍照、画画或用语言描述。（预设：黑板边有粉笔屑、抽屉里有垃圾、图书角的书本摆放得不整齐、桌椅摆放得不整齐等。）

3. 群策群力

小组交流：如何解决教室卫生问题？

（1）出示：高年级的哥哥姐姐们认真做值日生的情景。（如有的在清扫校园，有的在摆放桌椅，有的在带领同学们进行晨读，有的在制止课间同学的不文明行为，有的在负责关灯、关窗等。）

（2）说一说：大哥哥大姐姐是怎么做值日的？（值日组长先分工，分好工后扫地，扫完地后摆好课桌椅并整理工具，最后关好门窗离开教室。）

（3）为什么组长要先分好工？能不能先摆好课桌椅再扫地？（分工了能更快地做好值日，值日的顺序不能改变。）

（4）出示儿歌做小结。

值日生

今天我是值日生，
晚上放学不忙走。
先洒水，后扫地；
擦黑板，抹桌椅；
对齐课桌倒垃圾；
清洁工具放整齐；
教室整洁我出力，
做好值日真光荣！

4. 合作探究

（1）森林学校二（1）班，猫头鹰今天做值日，它是值日组长。它会怎样安排今天的值日呢？请看情景剧《我是值日生》。

（2）每组的八名同学分别戴上猫头鹰的头饰表演，在组内商讨，分好工，演一演。

（3）选最出色的一组上台表演，教师提供值日的工具，请他们现场做值日。

（4）其他同学起立站在教室的两边和后面，认真观看并记下他们值日时的优点和不足，评出谁是"最佳值日生"。

（5）课件播放音乐《劳动最光荣》，老师在一旁指导。

5. 点评分享

（1）夸一夸谁是"最佳值日生"并说说理由。方法：同学们把课前准备的小花送到"最佳值日生"的手上。

（2）"最佳值日生"发表获奖感言。

（3）给"最佳值日生"授予"最佳值日生"袖章。

6. 总结深化

（1）看视频：垃圾分类。（垃圾分为四类，每类垃圾都有对应的垃圾桶。）

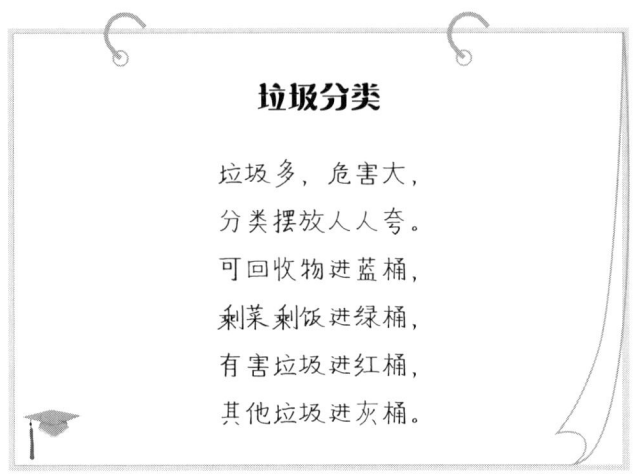

垃圾分类

垃圾多，危害大，
分类摆放人人夸。
可回收物进蓝桶，
剩菜剩饭进绿桶，
有害垃圾进红桶，
其他垃圾进灰桶。

（2）活动：你们说，我来做。（道具准备：分类垃圾桶及食物、废纸、废旧电池、过期药品、鸡蛋壳等垃圾的图片。）

活动要求：老师出示垃圾的图片，请学生说一说这些垃圾应该放进哪个垃圾桶。

（3）活动：垃圾分类小能手。（道具准备：每组一套分类垃圾桶及一些食物、废纸、废旧电池、过期药品、鸡蛋壳等垃圾的图片。）

活动要求：以小组为单位给垃圾分类，组长出示垃圾的图片，根据组员说出的分类，将图片放入相应的垃圾桶中。

检查最快完成的小组，分对一样垃圾，全班就用手比画"爱心"；分错一样垃圾，全班就用手比画"×"，从而评选冠军小能手。

1. 预设与生成情况的表述

由于二年级学生好奇心重，活泼好动，自控能力相对较弱，在活动中容易出现混乱，要再三强调纪律、规则问题。

2. 课堂调整

本节课的容量较大,在"总结深化"环节中学习垃圾分类,可以适当减少一个活动,即减少"你们说,我来做",看完视频后直接让学生动手操作,更能加深学生的印象。

3. 课后建议

教师可以设计"小组卫生评价表""最佳值日生荣誉榜"等,巩固学生维护班级卫生的责任意识。

简要点评

妥善安排班级事务,让班级学生人人有事做,事事有人做,这是优化班级管理必须做到的事情。对于值日生而言,不仅要加强他的责任心教育,还要让他把认真负责变成一种习惯,自觉按章程做事。正是在这一点上,本课选择了养成自觉遵守规则的习惯这一话题来引导学生认识值日生的职责并努力体会认真负责习惯的养成。学习过程安排得比较实际,就是让学生认真观察并梳理班级日常生活的方方面面,再将值日生的责任细化为具体可行的条款,分工合作地完成值日工作。课堂学习中的两段歌谣很添彩,可以让学生习诵记忆,把那些要求内化成自觉的行为。

认真王国大探险

福田区荔园外国语小学（西校区）二年级　柳婷

学习目标

（1）让学生挖掘自身的潜力，收获自信。

（2）让学生知道做事马虎、拖拉带来的危害，能够正视自己存在的问题，有改正问题的意愿。

（3）引导学生认识到时间的重要性，初步养成做事专注的好习惯。

学习要点

（1）能够意识到做事马虎、拖拉会对学习和生活带来不良影响，愿意改正自己存在的相关问题。

（2）通过游戏等形式引导学生总结应对问题简单有效的方法，并能在今后的学习生活中使用，为培养良好的习惯打下基础。

设计初衷

现象扫描：马虎、拖拉是小学生日常学习与生活中极其常见的两个问题，特别是对于低年级的学生而言，这是影响他们进步的两大拦路虎。"你怎么这么马虎！""做事情总是丢三落四的！"类似的话听多了，学生有点麻木，觉得粗心马虎、拖拖拉拉是小事，是每个人都会犯的小毛病。

活动方式：以探险闯关的方式进行。

预设目标：这个年龄段的学生，对世界充满好奇，对学习有强烈的渴望，而简单的说教并不能让学生从根本上认识到问题的重要性，因此，老师想到了用探险闯关的游戏方式来贯穿整节课，使学生在玩中不知不觉地体会道理，不知不觉地积累方法，最后水到渠成地得出结论。当然，仅凭一节课就让学生养成好的习惯是不现实的，希望通过这一节课，促使学生在日常生活中能够自觉、自发地去实践，在实践中把好习惯慢慢培养起来。

1. 激趣导入

教师带领学生一起到"认真王国"去探险。在探险之前，先做一做热身操，以激起学生的兴趣。与此同时，记住热身操的动作又要求学生认真地看视频，在不知不觉中就已经开始渗透本课的主题"认真"二字。

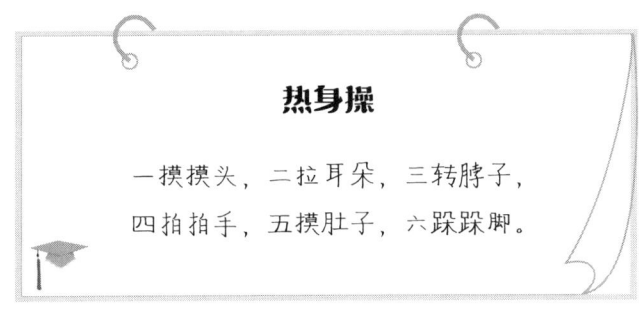

热身操

一摸摸头，二拉耳朵，三转脖子，
四拍拍手，五摸肚子，六跺跺脚。

2. 症结陈述

（1）让学生说一说日常生活中都有哪些马虎粗心的行为。

（2）请学生上台将写有"马虎行为"的纸片捡起来扔到筐里，并且大声说："我不会再……"

小结：生活中的马虎行为可真多，我们只有逐步改掉这些坏毛病才能进步。

3. 群策群力

（1）学生限时按照闯关卡上的要求完成题目。

（2）采访。

千万别上当

① 动笔前先看完所有题目。
② 写下你的名字。
③ 大喊一声"我最棒"！
④ 拍拍小手。
⑤ 其实你只用做第②题。
⑥ 嘘，做完之后不要出声。

小结：无论是学习还是生活，只要专心认真，就没有什么做不好！

4. 合作探究

（1）试试一分钟时间能写多少个字。

（2）采访几个学生，问写字有什么诀窍。（专心、不浪费每一秒钟）

（3）小组交流：一分钟还能做什么？

5. 点评分享

请小组代表分享交流一分钟可以做的事情。

6. 总结深化

请学生齐声读："告别小马虎，做事不拖拉，认真我最棒，学习顶呱呱！"这也是学生"探险"最终收获到的"宝藏"。希望每位同学都能够在"认真王国"里快乐成长！

1. 预设与生成情况的表述

课堂的生成与预设基本一致，但二年级学生的自控能力较差，再加上这节课以"探险闯关"为主，学生容易失控。

2. 课堂调整

老师要用口令、小组评分等方法来激励学生在良好纪律之下开展各种活动。

3. 课后建议

低年级段的班会课，活动不要设计得过多，要让学生在少而精的活动中充分体验、感受，自然而然地得出结论。

 简要点评

世界上怕就怕"认真"二字，一旦能够做到认真，许多症结就能找到化解之方。低年级段的学生在成长过程中，常因马虎、拖拉而误事。能够充分认识各种马虎、拖拉的症结并能主动以认真的态度来思考和做事，对每一个学生而言都是十分重要的。本课以学生感兴趣的游戏开始，让学生在各层次的活动中去认知行为中的马虎现象，感受认真在学习、生活中的重要意义，进而认识到认真对待一切事物是一种美德，但还应该强调"如何才能把认真落实到行为方式中"，如了解全貌、注重细节、大胆假设、小心求证、不断省察等，让学生在一些具体事件中去体验细心的妙处和认真带来的好处。

好习惯，好滋味

福田区百花小学二年级　赖荟宇

学习目标

（1）形成追求健康、安全、有品质生活的意识。

（2）养成良好的饮食和个人卫生习惯，懂得饭前洗干净手的重要性。

（3）初步了解一些常见的食物和科学饮食常识。

（4）学会在餐桌上主动做一些力所能及的事情，懂得尊老爱幼、文明礼让。

学习要点

（1）关注餐桌上的卫生、安全、健康和习惯问题。

（2）自觉做到饮食卫生、健康、均衡。

设计初衷

吃饭，直接关乎儿童的身体健康，是儿童健康成长的基本保障。二年级学生对于个人卫生和饮食营养的知识主要来自父母。根据对班级的家长及学生的调查发现，多数学生没有掌握正确洗手的方法，饮食习惯也不好，挑食、偏食以及暴食现象比较普遍，对食品的卫生与安全问题也不太关注。此外，很多家庭忽略了餐桌礼仪教育，使得培养学生良好饮食习惯的教育变得尤为迫切和重要。

本节班会课将运用直观演示、小组合作等教学策略，采取实物操作、活动竞赛、角色表演、模拟现实自助餐等有趣且有益的教学活动，让学生

注意吃饭时需要讲究的卫生、安全、健康、礼仪等问题。

1. 激趣导入

请学生观察自己的手,再用课件出示显微镜下细菌寄居在手掌上的图片,提问:对比你的手掌和显微镜图,你有什么感受?你应该做什么?

2. 症结陈述

(1)提问:同学们会洗手吗?请一位小朋友来演示一下。

(2)播放七步洗手法,引导学生边记忆边跟着做。组织小组比赛:组内复习巩固七步洗手法,挑选最佳代表上台进行比赛,看看哪个组、哪个人最会洗手。

(3)提问:除了手,还有哪些东西要洗干净,我们才能放心地吃饭?

(4)全班交流:怎么对餐桌和餐具进行清洁。

3. 群策群力

(1)出示用餐时的不同场景,分配给各组进行彩排。

(2)各组上台表演用餐场景,请学生观察并说说他们在餐桌上哪些行为礼貌,哪些行为不礼貌,不礼貌的行为要纠正过来。

(3)采访学生:说说当别人在餐桌上表现有礼时,自己有什么感受,自己以后要怎么做。

4. 合作探究

(1)全班分成男生、女生两个大组,开展用餐知识竞答大赛。哪组答对的问题多,哪组就获胜。

(2)两组抢答,问题如下:

①请按顺序示范正确的七步洗手法。

②就餐时,应该先请什么人入座?

③挑错题:吃饭时,好菜离自己比较远,可以站起来夹,或者大声叫

对面的人帮忙夹。

④吃饭时，实在忍不住要打嗝、打喷嚏，要做些什么来表示礼貌？

⑤筷子应该怎样用？不能怎样用？

5. 点评分享

（1）展示不可食用的食物图片和暴饮暴食、挑食偏食的情景图，请学生说说为什么不能这样吃？

①这些有害的食物有什么相似之处？

②暴饮暴食、挑食偏食对身体有什么危害？

（2）谈谈生活中还有什么正确和不正确的饮食习惯。

6. 总结深化

（1）配餐活动：请各组领取自助餐卡，里面包含了各种各样的食品图片。小组合作讨论，根据"中国儿童平衡膳食算盘"，配出最有营养、最合理的自助餐。

（2）师生共同评议：要从小养成饮食好习惯，只有科学选择、合理搭配地吃，才能健康生活每一天。

1. 预设与生成情况的表述

本节班会课以多种活动结合小组合作学习和竞赛的方式，提高学生的参与度，在活动中生成细节问题，在解决问题中推动情商教育的渗透。如用餐礼仪中需要说话小声点，但为什么小声点呢？除了礼貌，跟饮食健康和安全又有什么关系呢？这就要求教师引导学生联系生活展开自主探索，从而进一步探究，促进学生情商的发展。

2. 课堂调整

本节班会课活动环节多元，且兼顾同年龄段儿童的特点。教师应该根据自己班级学生的个性特点落实活动的具体情况，合理调整不同教学环节的比重,适当取舍,将班会活动做扎实,让学生有充分发展的空间。

3. 课后建议

一日三餐关系到人一生的健康。学生需要在课堂上完成情景体验,更需要在实际生活中加以运用,所以班会课后要加强家校合作,持续追踪学生的用餐情况,定期做调查,建立家庭用餐评价机制,对学生的饮食习惯加以监管。

简要点评

习惯的养成并非朝夕之功,必须时时处处从细节抓起。好的习惯不仅能彰显一个人的教养,还能让人终身受益。本课着眼于餐桌上的礼仪和饮食习惯,让学生体会小事不小、见微知著的道理。课堂设计得比较合理,从餐前洗手开始,让学生在特定的情形下体察洗手的步骤,注重细节,进而逐步引入就餐礼仪知识。这类课实施的难点在于如何营造各类就餐情景,并引导学生依照不同情景来选取得体的行为和恰当的话语。另外,学生的演示和互评是否精准到位等都是需要认真擘画的。本课在这些方面有较好的设想,也能给参与者和听课者带来一定的启迪。

我们一起越来越好

福田区外国语学校（南校区）小学部四年级　余坤阳

（1）让学生正确认识"小团体"，学会区分"正能量小团体"及"负能量小团体"。

（2）激发学生心底的善良，鼓励他们追随内心去交友。

（3）形成班级良好的相处氛围。

（1）正确看待班级"小团体"现象。

（2）引导学生正确交友。

现在的学生相对早熟，想法非常多。进入高年级后，学生们容易"抱团"形成一些"小团体"，其中有因爱好等而形成的"正能量小团体"，也有因其他原因而形成的"负能量小团体"。"负能量小团体"对团体外的伙伴会采取排斥的态度，破坏了班级的凝聚力，甚至会导致一些学生被冷落、孤立，不利于积极向上的班级氛围的培养。

因此，教师希望通过班会课引导学生正确地看待交友问题，敢于拒绝"负能量小团体"，拥抱"正能量小团体"。

1. 激趣导入

视频1：播放一段学生的小视频，或展示一个学生的心里话，视频（文章）中，学生因为班内小团体的原因，不能自由地交朋友，被要求"不许和她玩"，这令她非常不好受。当她要坚持自己的想法时，却遭到了小团体内同学的排挤，她很无助也很烦恼，不知道该怎么办，想求助于老师。

视频2：播放另一段学生的小视频。周末几个学生在小公园滑滑板，互相教学指导，既互帮互助又一同竞争，玩得很快乐，玩滑板的技术也在不断进步。

2. 症结陈述

课前发问卷，课上展示结果。

（1）我们班级中是否存在"小团体"现象？

（2）如果存在，你是否是某个"小团体"中的一员？

（3）这个"小团体"是因为什么聚结在一起的？

（4）如果你曾是或现在正是这个"小团体"中的一员，那么在团体中，你个人的感受是怎样的？

（5）你们这个"小团体"的领导人是谁？为什么他会成为领导人？

（6）你是否被个别"小团体"排挤过？

（7）你对"小团体"这一现象有什么感受？

3. 群策群力

列举大家所出的主意。

（1）学生分享自己的"小团体"故事：例如，自己正身处怎样的小团体，这个小团体是因何而聚结的，在一起会做什么样的事情。也可以分享"小团体"带给自己的烦恼。

（2）"团体"是一个中性词，有正能量和负能量之分。一个正能量的团体是不会"排挤"他人的。例如"兴趣类"的团体可能存在准入门槛，不是每个人都能成为其中的一员，但是对于他人来说，这是一个友好的团体。

（3）敢于坚持自己的内心，和自己想交的朋友坚定地交往，不要害怕

被排挤，每个人都是值得被爱的。要坚持自己的内心，捍卫自己的善良，多加入学习、兴趣类"小团体"，在其中找到共同成长、进步的乐趣。

（4）"小团体"中的灵魂人物也就是领导者非常重要，领导者应当是一个乐观、积极、宽容的人。

（5）遇到"负能量小团体"可以及时向老师、班干部请求帮助，不可任由"负能量小团体"影响班级积极向上的氛围。

4. 合作探究

讨论：什么是"正能量小团体"？我们班级中都存在怎样的"正能量小团体"？在这样的团体中能收获什么？（预设：滑板小团体、足球小团体、篮球小团体、音乐合唱小团体、周末学习小组……收获：快乐、满足、进步、提升……）

5. 点评分享

每个人都有自己擅长做的事，迷茫时可以大胆地去向老师、同学寻求帮助，找到兴趣上的同好，加入一个积极向上的团体，并在这个团体中不断提升自己的能力，在进步中收获快乐与幸福。

不要害怕面对"负能量小团体"，不要害怕被排挤，要看清自己的内心，坚守自己的善良，老师、同学一定会帮助你。

6. 总结深化

（1）告诉学生所经历的"误会""委屈"都是正常的，大家或多或少都有这样的经历，不要怕，不要慌。

（2）鼓励学生借助多种途径表达自己的困扰。

（3）推出"班级留言本"，鼓励学生大胆地在"班级留言本"中写出自己的想法。

（4）课下开展"寻找共同兴趣"活动，帮助学生找到能促进自己进步的"小团体"。

1. 预设与生成情况的表述

从整体上看,学生们能很好地理解教师的上课意图,活动开展得也很热烈。但是由于班级中"兴趣类"的小团体不太多,导致学生们在分享自己的故事时比较单一,甚至有的把"一起过生日"归入"小团体"事件。

在表达被"负能量小团体"所影响的烦恼时,老师很希望学生们敢于表达,但大部分学生都碍于情面或是怕受影响而不敢表达,只有零星一两人谈了谈自己的故事,并且是这样表达的:"他们有时候一起玩儿,就不带我,我想玩儿他们不让。"但根据后续的了解,这并不是排挤,只是同学们偶尔"不想和你玩儿"或"这个时候不需要你加入"。

2. 课堂调整

本节班会课主要强调如何正确看待"小团体"问题,所讨论的"小团体"可以是"负能量"的由所谓"友谊"组成的小团体,课下团体中的成员大都黏在一起,可能在团体内交流他人的坏话,还可能做违纪的事情,甚至长期"排挤"他人,但是偶尔一两次不让在一起玩儿不可归类为"排挤"。

3. 课后建议

在课堂上应该就"小团体"这个词下一个比较明确的定义。定义环节应当放在播放视频后,可以在这个环节多花一些时间和同学们一起讨论,精简"群策群力""合作探究"环节。可以围绕加入"正能量小团体"这个中心开展讨论,让讨论更有深度。

物以类聚,人以群分。小学生们容易跟着感觉走,被浅显的感受"群分"成若干团体。因此,如何组成团体不能让这些懵懂的学生们由着性子

来，恰当的教育、引导十分必要。本课着眼于这样的话题，旨在让学生们认清团体的性质，听候正能量的召唤，在各自的团体中发挥积极的作用。本课还特别触及了团体合作的优化问题，要想最大限度地发挥团体的能量，每个成员都必须自觉地抑制负能量。这样的课程设计，能够让学生在审视活动的过程中看清自己的行为，从而甄别团体的优劣，构建自己的理性认知并选择自己的行为方式。

奥数该不该学

福田区荔园外国语小学（西校区）六年级　赵月华

学习目标

（1）学会辩证地看待问题，全面地分析问题。

（2）从自身实际情况出发，做适合自己的事情。

学习要点

通过多种途径收集看待事物的观点，归纳整理、深入分析，学会取舍。

设计初衷

六年级学生面临小升初压力，很多学生都在课外学习奥数。但是，有的学生连课内的数学知识都没有学好，也在校外跟风学习奥数。学生参加奥数学习分为两种情况，一种是自愿，另一种是被家长要求。奥数热的很大一部分原因是奥数成绩与入读名校相关，学生不得不占用大量时间去学习它。

针对这种现象，教师让学生找家人和同学进行交流，开展辩论赛，并请优秀毕业生谈学习奥数的经验和个人主张。

活动过程

1. 激趣导入

（1）采访视频：针对六年级学生和家长，随机进行采访。

（2）学生问题：

①请问你课外参加奥数班吗？

②你是自愿参加的吗？

③你认为学习奥数对你来说有用吗？

（3）家长问题：

①请问您会给孩子报名参加奥数班学习吗？

②您觉得孩子学习奥数有什么作用？

③如果学习奥数与升学无关，您还会让孩子学习奥数吗？

2. 症结陈述

进行支持学习奥数和反对学习奥数的情况调查，分析双方的观点和理由。学习奥数是一个困扰小学六年级学生和家长的问题。

3. 群策群力

学生与家人、同学或社会人员探讨"奥数该不该学"的话题，并撰写话题交流日记。

4. 合作探究

辩论赛：奥数该不该学

（1）立论阶段：

正方一辩开篇立论，3分钟。

反方一辩开篇立论，3分钟。

（2）驳立论阶段：

反方二辩驳对方立论，2分钟。

正方二辩驳对方立论，2分钟。

（3）质辩阶段：

①正方三辩提问反方一、二、四辩各一个问题，反方辩手分别应答。每次提问时间不得超过15秒，三个问题累计回答时间为1分30秒。

②反方三辩提问正方一、二、四辩各一个问题，正方辩手分别应答。每次提问时间不得超过15秒，三个问题累计回答时间为1分30秒。

③正方三辩质辩小结，1分30秒。

④反方三辩质辩小结，1分30秒。

（4）自由辩论。

（5）总结陈词：

①反方四辩总结陈词，3分钟。

②正方四辩总结陈词，3分钟。

5. 点评分享

邀请优秀毕业生谈学习奥数的经验和建议。

6. 总结深化

邀请学生分享交流日记。

教师总结：应该从自己的实际情况出发，不盲目跟风学奥数。事情没有绝对的好与坏、对与错，我们要学会收集信息、分析信息，全面地看待问题。

1. 预设与生成情况的表述

通过辩论赛的形式，让学生找到自己的观点立场，收集和查找相关资料进行观点论述。老师提前告知学生，可以从专家观点、网络新闻、有经验老师的观点或者初中学生的观点等入手进行资料的搜集。课前要充分地准备，让课堂辩论论据充分，观点碰撞出火花。

2. 课堂调整

展示交流日记的时候，让学生们分成正反两方进行汇报。这么做也为下一个辩论环节做了准备。

3. 课后建议

在话题交流中可以增加一个思维导图来阐明观点。

班会课可以这么上——放大招 施小计

 简要点评

"奥数该不该学"是一个很有价值的辩题,因为真的出现过万人千校争开奥数学习班的现象。小学生是意识不到该如何拒绝的,只能跟随一些师长亦步亦趋。现在去讨论"奥数有没有用"没有实际意义,关键是要思考该不该把当下的幼童都往数学家方面去培养。因此,在小学生中引入这样的话题进行辩论,让他们厘清这一问题的脉络是很有必要的。本课设计了一个完整的辩论过程,组织学生立足正反方的某个观点,集体谋划,运用论据(包括课内外资料)证实己方的观点,同时有理有据地驳倒对方的观点。这样的训练还能够更深层次地体验"以理服人、据理力争、旁征博引、集思广益"的意境,是一次绝好的言语交际训练。

栏目三 情绪调节

孩子在成长过程中难免有情绪消极的时候，如愤怒、悲伤、焦虑等。消极情绪对生活和学习会造成负面影响。大多数家长对儿童情绪认知不足，很多班主任也缺乏儿童心理专业知识，孩子遇到情绪问题时便处于孤立无援的境地，甚至有的孩子因为消极情绪而导致严重的心理问题。本栏目将通过问卷调查、心理游戏、情景剧、积极语言暗示、音乐、冥想、体能训练等方式，让学生认识积极情绪和消极情绪存在的意义，感知不同的情绪，接纳不同的情绪，掌握基本的情绪调节方法并在需要时用以解决情绪问题，形成稳定的人格。

神奇的赞美

深圳市福田区福南小学一年级　魏谊敏

（1）懂得每个人都需要得到他人的赞美。

（2）尝试学习具体地赞美他人。

（3）体验赞美他人和被他人赞美的快乐。

学会真诚、具体地赞美他人。

上课铃声响起来，低年级的学生还静不下来，纪律小班长在讲台上大声喊，"静息——安静""小嘴巴——不说话"，效果都不怎么好，喊"表扬——谁呀"最管用了。心理学家威廉·詹姆斯曾说："人类性情中最强烈的渴望就是得到他人的认同。"有时候，简单的一句赞美，犹如魔术棒，给人带来的喜悦是无可比拟的。这节心理活动课，通过听故事、玩游戏等体验活动，让学生学习如何具体地赞美他人，更好地发现自己和他人身上的优点，感受赞美他人和被他人赞美的快乐。

1. 激趣导入

（1）全班观看动画片《称赞》。（材料选自张秋生的童话故事《称赞》）

（2）引出课题：赞美的力量真大呀！在小刺猬的赞美下，小獾学会了

做椅子；在小獾的赞美下，小刺猬消除了一天的疲劳。（板书：神奇的赞美）

2. 症结陈述

（1）活动体验：森林里正举办一场拍皮球比赛，请学生们推选两名同学参加拍皮球比赛。（甲乙学生进行 30 秒的拍皮球比赛）

（2）比赛结束后，让学生试着评价甲乙两位同学的表现。（出示准备好的四句话，让学生用来评价参加比赛的甲乙同学。）

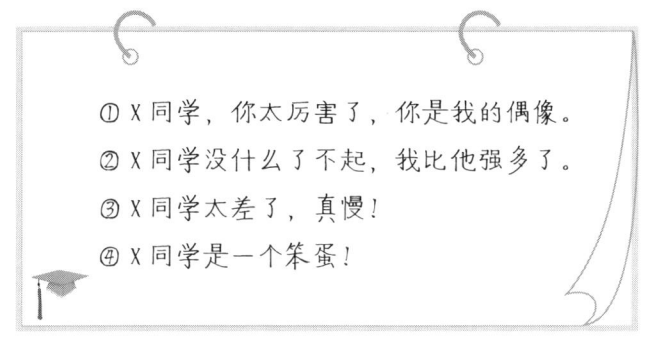

① X 同学，你太厉害了，你是我的偶像。
② X 同学没什么了不起，我比他强多了。
③ X 同学太差了，真慢！
④ X 同学是一个笨蛋！

（3）询问甲乙同学的感受。

（4）老师点评学生的回答，感受说话不同引发的不同效果。

出示图例（"受伤的树"图片）：恶言恶语会给人带来伤害，就像给一棵树钉上一颗钉子。道歉就像把钉子拔掉，但会留下伤疤。

小结：一句话能把人说笑，也能把人说跳。所以，要多说赞美人的话，不说伤害人的话。

3. 群策群力

（1）情景模拟，分享方法：假如你遇到以下情况，你会怎样赞美别人？

①班上有一位同学唱歌好听，我会对他说……

②同学在书法竞赛中得奖，我想对他说……

教师小结：在赞美他人的时候要善于抓住他人突出的优点，在一个同学优点不明显的时候，还可以称赞他的进步。这就需要大家在平时做一个有心人，善于观察、发现同学的优点和进步。（板书：找优点，夸进步）

（2）游戏体验（幸运四叶草）：老师手中有一片幸运四叶草，请大家在音乐声中逐一往下传，在音乐声停止时，四叶草在谁的手上，就请他起立，我们一起给他找优点，好吗？（活动进行两次，采访这两位学生，让他们说说听到大家找出这么多优点后，自己心里有什么感受，心情是怎样的。）

教师小结：原来听到他人的赞美，是这么快乐的一件好事呀！

4. 合作探究

（1）神奇的苹果树：同学们，森林里还有一棵神奇的树，它神奇在哪里呢？（出示一棵挂满五颜六色苹果的苹果树图片，并用鼠标逐个点击苹果，读读每种颜色的苹果代表的优点：学习棒、书写好、守纪律、讲文明、懂礼貌、爱运动、爱劳动、讲卫生、性格好、特长多、爱好广……）

（2）学赞美，送苹果：在你们的抽屉里也有代表不同优点的苹果，现在请你们把它送给其他人，并说一句赞美的话吧。（播放背景音乐：《七色花》）

（3）小组交流：你得到了几个苹果？哪种颜色的苹果最多？别人主要赞美你什么了？

5. 点评分享

（1）学生交流，谈感受：当你送给别人苹果的时候，你觉得他的心情怎么样？当你收到别人送给你的苹果的时候，你的心情怎么样？你说这些苹果神奇在哪里呢？

（2）除了用语言赞美外，还可以用其他方式赞美，如掌声、握手、拥抱、竖拇指、微笑……

6. 总结深化

除了老师、同学，你还可以把赞美送给谁？（家人、清洁工人、医生……）

从今天起，就用你喜欢的方式把你真诚的赞美、热情的赞美送出去吧！

1. 预设与生成情况的表述

一年级学生对自我的评价是相当模糊的，主要通过老师、同伴、家长等他人的评价来逐步确定对自我的评价。一个人如果善于发现他人身上的美——优点，并由衷地赞美，自己的胸襟也会变得宽广。因此，本节课，先让学生听故事，懂得赞美的重要性，接着设计活动，引导学生去发现他人身上的优点。学生在活动中赞美了他人的优点，同时又被他人赞美，实施起来效果良好。

2. 课堂调整

在拍皮球环节中，多数学生的评价是正面的，因此，要根据情况顺势而为。如果学生恶言恶语，就出示受伤的树（图片上）说的话，让学生明白正面评价的重要性——赞美的力量是无穷大的。

3. 课后建议

一年级学生的语言表达还不够规范，可以提供赞美的句式，引导他们学习赞美。

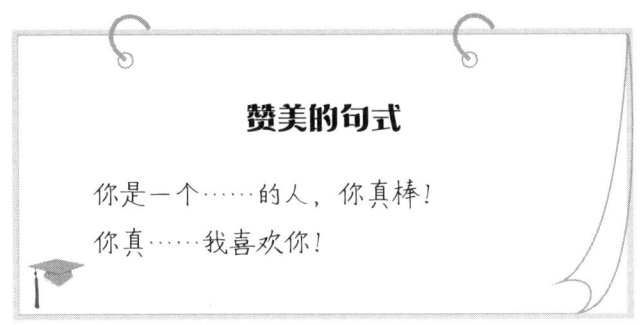

 **简要点评**

"良言一句三冬暖，恶语伤人六月寒。"学生从入学开始，就生活在一个大家庭里，应该学会欣赏同学，努力看到同学们身上的优点并且自觉地

取长补短。本课的设计较为完整，运用活泼、有趣的方式，让学生感知行为习惯和交际品质在人际交往中的特殊意义。课堂学习以一部动画片的片段引入，引导学生初步感受"赞美、激励"等正面评价对当事人的激励作用。然后，通过症结分析，列举一些负面评价给人带来的消极影响，在对比中突出了"赞美"所起到的神奇作用。本课还充分考虑到了刚入校学生的特点，运用活泼有趣的游戏来引领学生在虚拟生活场景中感受到实实在在的事物，并做出相应的判断，采取适当的行动。本课结束前的总结提升也很重要，它提醒学生们，"赞美"不应该只用在课堂上、校园里，还应该用在日常生活中，以使学生最终养成宽厚行事、宽容待人的品质。

情绪调节——冲动

福田区荔园外国语小学（西校区）二年级　陈晨

学习目标

（1）认识到人有不同的情绪。

（2）能够正确对待冲动情绪。

（3）能够掌握调控冲动情绪的方法。

（4）体会减少冲动情绪后带来的愉悦感。

学习要点

（1）正确表达冲动情绪。

（2）掌握减缓冲动情绪的方法。

设计初衷

现象：低年级段学生经常抢物品、争执，甚至打人。

方式：游戏"我是小法官"。

达成效果：合理控制情绪，找到适合自己的减缓冲动情绪的方法。

活动过程

1. 激趣导入

（1）用PPT展示人的面部表情。猜一猜：人物所表达的是什么情绪？

（2）展示冲动情绪的图片。思考：你在哪里看到过这样的表情，在什么情况下看到的？

2. 症结陈述

校园中的表情展示。（收集平时学生产生矛盾时的表情图片）

思考：我在当时想表达什么情绪？为什么我当时用了这样的表达方式？

3. 群策群力

如果再给我一次表达的机会，我会这样做……

预设一：深呼吸，数数字。

预设二：静坐。

预设三：找中间人（中间人为学生或老师）调解。

预设四：放下争执，换位思考。

预设五：写纸条或写信进行沟通。

4. 合作探究

（1）认识情绪：冲动情绪的起因，即矛盾的激发点。

（2）冲动情绪的不同走向：

①冲动过度：引发冲突、伤害事件。

②自我压抑：导致抑郁、自我伤害等问题。

③正常发泄冲动情绪：合理表达自己的情感诉求，减少心理问题所引发的次生伤害。

（3）游戏：我是小法官。

➤ 校园案件：一支"犯罪的笔"。

➤ 生活案件：网瘾少年忏悔录。

➤ 社会案件：公交车坠江事件。

5. 点评分享

（1）自我点评：预设达到的效果——学生能重新认识情绪这个"伙伴"，面对冲动情绪，有正确的态度和处理方法。

（2）互相评价：预设达到的效果——学生能明辨冲动情绪的激发点，并能用所学的方法来应对，提出建设性的意见。

（3）老师评价：就有代表性的社会事件和问题，再一次引导学生关注

合理处理冲动情绪的重要性和意义。

6. 总结深化

通过做表格来展示冲动情绪的危害,总结出可行的解决办法。

1. 预设与生成情况的表述

预设学生能正确认识情绪,能认识到冲动情绪存在的合理性,学会多种减缓冲动情绪的办法。生成情况与预设基本一致。

2. 课堂调整

在游戏"我是小法官"中,希望学生从身边案例延伸到社会案例,看到冲动情绪造成的各种后果,认识到减缓冲动情绪的重要性。在活动中,学生在抒发意见时喜欢添加自己的见闻并联系自己的生活,因此,可增加学生分享各个案例与自己生活的联系的内容。

3. 课后建议

适时引导学生总结情绪问题,体会使用减缓冲动情绪方法的愉悦心情,使学生从校园小生活到社会大事件都能深刻体会到改变冲动情绪带来的深远意义。

 简要点评

未成年人,尤其是低年级学生,情绪把控能力比较差,面对千变万化的身边事物,往往缺少理智的分析和应对,容易冲动。本课设计的初衷是分析导致冲动的原因并希望学生认识到冲动的危害性,从而找到调整情绪、抑制冲动的办法。上课伊始,应该引导学生根据身边的日常现象来分类摆一摆引起冲动的症结所在,进而通过合作学习来认识它们的弊害,找到应对之策。但本课在这方面显得空洞了些,没能列举在生活、学习中引起冲动的现象,故而在"群策群力"阶段就很难对症下药,也就会降低学生对冲动所带来损害的完整认知。

我能做到不任性

福田区莲花小学二年级　孔冉

学习目标

（1）了解到以哭闹、耍赖、发脾气、跺脚等方式来达到自己的目的是不受欢迎的。

（2）认识到一个人不应该总是以自我为中心，固执己见。

学习要点

学会在遇到不合心意的事情时控制自己，做出有效且适当的反应。

设计初衷

独生子女的家庭环境及某些不当的家庭教育使得班级的部分学生比较任性，不能恰当地表达自己的情绪，和同学相处时容易情绪化，需求得不到满足时会发脾气，希望通过班会课来矫正这一问题。

活动过程

1. 激趣导入

（1）石头游戏：三位同学每人都用手拿着一根线，线拴在小石头上，小石头放在瓶口比较小的玻璃瓶子里。小石头代表学生自己，瓶子代表"地震现场"，请三位同学以最快的速度把代表自己的小石头给解救出"地震现场"。

教师小结：如果每一位同学都抢着把石头拎出来，那么在瓶口处必然会堵塞，谁也出不来。如果你第一，他第二，我第三，谦让有序，那么石头很快就会被取出来，同学们就能够很顺利地逃离"地震现场"。

（2）分享感受。为什么第一次没能很快取出石头？因为着急，只想到了自己。为什么第二次能够很快取出石头？因为听从了老师的建议，学会了照顾别人的感受，学会了谦让，一个一个地出来，就没有了阻力。

教师小结：这个游戏的目的就是让学生懂得关心、体谅他人，不能只顾自己。

2. 症结陈述

播放视频《你愿意和小明做朋友吗？》。每一次老师叫学生回答问题时，只要小明举了手但老师没有叫他，而是叫了其他同学，小明就一脸不高兴，跺脚，甚至掀课桌。如果老师叫了小明，而同学们没有给他鼓掌，小明就会哭起来，甚至往教室的地上一躺，开始闹脾气。班干部如果提醒小明不要上课插嘴，小明就会对班干部说："你真坏！"

3. 群策群力

（1）你有什么想对小明说的吗？

预设语言

小明，你这样太不懂事了，要是都像你这样，我们还怎么上课啊？

小明，你的行为扰乱了课堂的秩序。

小明，你怎么只想着你自己呢？

（2）你愿意和小明交朋友吗？愿意的请举手。（预设：愿意和小明交朋友的同学，是想帮助小明改掉坏习惯，非常值得肯定。）

教师小结：在家里，有一些小朋友被爸爸妈妈宠爱惯了，想要什么就有什么，有时候还跟爸爸妈妈对抗，不高兴就大吼大叫，这样的小朋友是非常自私的，他交不到多少可以长久相处的朋友，在学校也不受欢迎。

4. 合作探究

如果我是小明,我会怎样做?(以小组为单位续编故事,分小组上台展示。)

5. 点评分享

针对小明的行为,同学们的想法都很好,认识到了凡事不能以自我为中心,要矫正不良行为。

6. 总结深化

填写一张"对抗任性"表,一起来直面自己的任性。

对抗任性

(1)我做过的任性的事情:	
(2)如果再次经历这样的事情,我会劝说自己不要任性:	
(3)同学的建议:	

学生独立完成(1)(2)两项。教师选择有代表性的事件全班交流。

1. 预设与生成情况的表述

任性的同学能够真正认识到自己行为的不对、不合适,非常不容易。当代表部分同学的"小明同学"视频播放的时候,要引导学生不要起哄,不要指责,要学会分析问题和帮助同学。

2. 课堂调整

说起来容易,做起来难。一旦讲起道理来,连平时任性、爱跺脚、爱发脾气的同学,都能够讲得头头是道。在班会课中,要让学生真正有感触、有改变,还需要教师有感染力的说服教育。

3. 课后建议

一堂班会课并不能完全改变任性、爱发脾气的学生长期以来形成的思想和行为模式,课后还需要多和家长沟通,从根本上扭转任性、爱发脾气学生的行为。

 **简要点评**

　　学会合作、学会生存,一直都是当下学生的必修课。本课设计的初衷是学生通过对任性的认知来体会它在生活学习中给自己带来的不利影响,从而自觉地克服任性的毛病。"瓶中逃脱"游戏可以使学生认识到谦让和有序的重要性;对"小明同学"案例的分析能够让学生意识到自己的角色,明白只有互帮互助,人与人之间才可能更和谐,一个团队才可能行稳致远;最后环节的填表活动是想让学生自省过往,在集体反思的状态下鉴别自身行为方式的优劣。这样设计,初衷是好的,但容易造成一定的认知错位——有时任性不见得是坏事,只有那种不顾全大局、不判定是非的盲目任性才是需要矫正的,而那种坚持真理、执着信念的"咬定青山不放松"式的"任性"是应该坚持的。因此,不必将"任性"一词划在贬义词的范围内。

再见，我的坏情绪！

福田区荔园外国语小学西校区三年级　曾玉梅

学习目标

（1）了解常见的几种情绪及不同情绪的不同表现方式。

（2）总结不良情绪对自己生活的影响。

（3）学会如何调节不良情绪。

学习要点

（1）感悟情绪的存在。

（2）感知不良情绪。

（3）学会调节不良情绪。

设计初衷

三年级学生的个人意识渐渐增强，但是非辨别能力偏弱，情绪控制能力较差，常常会因为某事不符合自己的心意而产生不良情绪。

活动过程

1. 激趣导入

（1）今天老师带来三份礼物，以抽奖的方式派给大家。同学们感觉怎么样？（高兴、兴奋、激动）

（2）播放音乐，抽奖。现在你们的心情怎么样？（激动、紧张、担心）

（3）抽奖完毕，分别采访抽中的同学和没有抽中的同学，问他们的心情怎么样。（根据学生的回答进行板书，指出这就是情绪。）

（4）在小组内先演一演刚才的抽奖过程，接着挑选最佳表演者在班级表演。大家猜猜：他是抽中了还是没抽中？是抽奖前还是抽奖后？

（5）小结：人的情绪是丰富多彩的，每个人情绪的表达方式各不相同。通过一个人的表情和动作可以推测一个人的情绪。情绪分为积极的和消极的。积极的情绪会让我们感到快乐，消极的情绪会影响我们的生活。今天我们就去看看如何应对消极情绪。

2.症结陈述

（1）请学生观看视频。（视频中奶奶去接菲菲放学，放学路上菲菲要求奶奶给他买自己喜欢的玩具，奶奶没有答应，结果菲菲不但在地上打滚，还把拳头挥向奶奶。）

（2）小组讨论：让菲菲生气的事情是什么？生气后的菲菲做了哪些事情？这样做对吗？

（3）小组讨论。

（4）每个人都会遇到让自己生气、愤怒的事情，请大家在组内说说让自己生气的事情，完成"情绪预报站"的内容。

情绪预报站

组员	让我生气的事情	我是怎么做的	结果

（5）教师小结：愤怒是每个人都会有的一种消极情绪。人生气时，胸中就会燃起一团熊熊的大火，如果不及时灭火，就会对人的身体造成伤害。

3. 群策群力

制作生气火罐

（1）我们已经了解了生气对身体的危害，今天我给你们介绍一种有趣的工具："生气火罐"。

（2）学生制作"生气火罐"。（学生在火罐的旁边写下令自己生气的事件，设定生气的总值为100，学生根据生气的程度在每件事情旁边标注"生气值"。）

（3）学生在小组内展示自己的"生气火罐"。教师根据学生的展示进行总结和引导。

4. 合作探究

寻找平复情绪的小精灵

（1）每个人都有让自己生气的事情，大家有什么好办法让"生气火罐"的温度降下去一点呢？请欣赏学生表演的"智者爱地巴"的故事。

（2）灭火小精灵用了什么法宝来给"生气火罐"降温？小组讨论，记录员做好记录。（深呼吸、大哭、诉说、运动、唱歌、吃美食、看风景、散心、在没人的地方大叫、看书……）

5. 点评分享

（1）请学生根据生气值的大小，张贴不同的、自己认为最有效的"小精灵"贴纸。（每一枚贴纸上都写有处理不良情绪的方法。）

（2）请学生交流各自认为最有效的"小精灵"贴纸。

6. 总结深化

每个人都有多种情绪，有好情绪，也有坏情绪。当坏情绪来临时，你要想办法尽快把它赶走。希望今天的"生气火罐"能对你有所帮助。相信在今后使用它时，你还能找到更多的"小精灵"来帮助你赶走坏情绪，让自己更加健康快乐地生活！

1. 预设与生成情况的表述

在设计时老师只把"生气、愤怒"两种不良情绪作为疏导对象，但是在课上当提到"不良情绪"时，有部分学生提到"悲伤、难过"也属于不良情绪。

2. 课堂调整

针对学生"不良情绪"更为广义的理解，老师把制作"生气火罐"改为制作"情绪罐"。

3. 课后建议

在"群策群力"环节能否步子迈得更大一点，让学生根据自己各种不同情绪来设计更适合自己的"多变情绪罐"？不仅不良情绪出现时可以使用，情绪良好时也可以使用。

 简要点评

控制情绪是一切正常人必备的能力，而未成年人需要通过学习来掌握这一能力。本课较好地设计了相关活动，引导学生通过认知正和负两方面情绪的实质，明确了不良情绪对自身的负面影响。课中制作"生气火罐"及表演"智者爱地巴"的故事环节不错，能够让学生学着化解不良情绪，在生活和学习中保持良好的情绪状态。课中设计"情绪预报站"这一填表活动，是想让学生将自己的情绪列举出来，进而找到最佳应对方法，初衷是好的，然而，既然是一次小组活动，就不能只让大家一起去填写"我是怎么做的"，也不要只停留在"结果"的罗列上，建议将表格填写要求改为"让人生气的事情""当时的情绪反应""反思行为方式"，然后再围绕那些起负面作用的不良情绪来找出应对办法。毕竟圆满地解决问题——化解负面情绪才是目标，而达到这一目标是需要学生集思广益的。

晴朗的心空

福田区荔园外国语小学（西校区）三年级　朱云霞

学习目标

（1）体验情绪的多样性，提高情绪表达能力。

（2）认识自己的情绪并理解每种情绪都有意义。

（3）学会有效调节情绪的方法。

学习要点

（1）认识到每种情绪都有存在的意义，学会接纳消极情绪。

（2）学会有效调节情绪的方法。

设计初衷

三年级学生的情绪呈现多样性和不稳定性。学会接纳自己的消极情绪，思考消极情绪的表达是否恰当，学会调节情绪，是情绪辅导课的重要内容。本节课通过情绪与天气的联想，结合《头脑特工队》这部影片来引导和帮助学生梳理各种情绪体验，提升自我情绪管理能力，促进情绪的健康发展。

活动过程

1. 激趣导入

（1）上课之前一起来读一读：相互尊重、主动参与、认真倾听、真实表达。

（2）介绍新朋友莱莉。

（3）介绍五个头脑特工。（乐乐、忧忧、怕怕、厌厌、怒怒来到现场，他们表演,学生猜。)

2. 症结陈述

活动一:"心空"晴雨天

(1)播放视频,介绍头脑特工。

(2)找朋友——认识各种情绪。

(3)"心空"晴雨天(给情绪分类)。情绪就像多变的天气,有一些情绪犹如晴天,阳光灿烂,让人心情愉悦。有一些情绪像雨天,乌云笼罩,易生烦恼。所以,我们的心空会呈现各种不同的色彩。(课件出示五种不同情绪,罗列相应的神态词语。)

活动二:我的"心空"色彩

(1)想一想,这一周你的情绪可以用什么颜色来表示呢?(要求:在背景音乐声中先安静地涂色,选择最恰当的颜色;再与同桌交流,说说发生的事情;音乐结束,活动停止。涂色纸上用不同的颜色分别代表五个头脑特工。)

(2)采访。请两名学生到台前来分享,一个良好情绪居多,另一个不良情绪居多。你的色卡良好情绪居多,是因为什么呢?你的色卡不良情绪居多,是怎么回事呢?

教师点评:看来你们对自己还比较了解。

3. 群策群力

活动三:情绪垃圾

莱莉也想和你们分享她的心情,我们一起来看看。

(1)莱莉的色卡。

(2)讨论:搬家以后,莱莉的色卡为什么会有这么大的反差?她可能会遇到哪些困难?

(3)总结:原来不开心对我们有这么大的影响,不仅使人失去信心和动力,还有可能给他人造成伤害。

4. 合作探究

活动四:"心空"放晴

莱莉的生活濒临崩溃,我们该如何帮助她呢?

(1)第一关:打败怒怒。小组合作,找到并写下打败怒怒(愤怒)的方法就可以成功过关。小组讨论,完成选择。小组展示,介绍方法。完成板书(贴)"合理宣泄、转移注意力"。

(2)第二关:忧忧的魔法。乐乐在回家途中遇到了莱莉的儿时伙伴冰棒,他们一起克服重重困难,可是冰棒心爱的火箭掉下悬崖后,冰棒伤心极了,不肯再走了。(乐乐和忧忧安慰冰棒片段)

学生对比乐乐与忧忧的做法,完成板书(贴)"平静接纳"。

学生分享自己的生活体验。

总结:当我们难过时,需要的只是一个安慰的拥抱,一个静静听我们说话的人,甚至大哭一场也可以。人不能天天开心,偶尔的伤心和难过是很正常的,它会让我们更积极地面对生活。

(3)第三关:召回小伙伴。前面的障碍扫除了,可是忧忧却不愿回家了,说自己只能给主人带来悲伤。怒怒眼看着自己把莱莉的生活弄得一团糟,也想罢工,这可急坏了乐乐。(播放片段)

小组讨论。我们的头脑里只有乐乐可以吗?请在组内讨论。

学生代表发言。

5. 点评分享

每一种情绪的存在都是合理的。快乐让我们积极向上,悲伤让我们得到支持(别人的理解和安慰),愤怒使我们有力量(改变自己),恐惧保证我们的安全(慎重决定,考虑后果,躲开危险),厌恶使我们趋利避害(明辨是非),发呆使我们放松心情……

6. 总结深化

"心空"有各种天气,有时晴天,有时阴天,有时甚至狂风暴雨。同学

们在头脑特工队的带领下完成了一次情绪冒险,掌握了一些通关密语。课后请同学们选择一种自己最难处理的情绪,完成自己的选择。

相信每个人都能为自己的心打起一把伞,还"心空"一片晴朗!

1. 预设与生成情况的表述

三年级学生由于生活经验不足,在陌生的环境、严肃的氛围及遇到冲突、受到约束、遭受指责等情况下,都容易产生紧张情绪,而他们又进入了少年期,会产生强烈的摆脱成人控制的欲望,因此,他们的不良情绪比较难以释放,情绪不够稳定,容易激动、冲动。本节课通过莱莉的故事来引导学生认识和分析不良情绪产生的后果,通过小组合作来完成情绪的选择,通过帮助忧忧来学会正确面对愤怒、忧伤的情绪,掌握一些化解不良情绪的办法。最后,学生通过小组讨论认识到,不良情绪只是一个信号、一种防御、一种个体自我保护的机制,出现悲伤、惊恐、愤怒的情绪很正常,关键在于会恰当地表达,及时地化解,只有这样,才有助于身心的健康发展。

2. 课堂调整

随着课程的推进,学生都进入了状态,对各种情绪的认识更深刻了,感悟到各种情绪都有它存在的意义,并结合自己的生活体验谈了自己的理解,把课堂的情绪完全调动起来,观课的老师们都纷纷鼓掌。顺势,本课就在这种情绪中结束了。

3. 课后建议

三年级学生的自控力还不强,情绪变化比较大,可以提前让他们觉察和了解自己的情绪,并记录自己的情绪变化。这样,在课堂上完成情绪色卡时学生会更快地进入状态,在小组内分享自己的色卡时会讨论得更深刻。

班会课可以这么上——放大招 施小计

  简要点评

月有阴晴圆缺，人有喜怒哀乐。人性百态，情绪自然也是多样的。但是人人都知道，在不良情绪的笼罩下，做什么事情都可能不顺利。要想把事情做好，就必须保持良好的情绪状态。情绪调节的关键是心理调节，只有保持良好的心理状态，才能拥有良好的情绪状态。本课的设计凸显了这方面的认知，鼓励学生在与人交往中保持良好的情绪状态。教师有意识地设计了符合学生实际的活动方式，引导学生饶有兴趣地参与学习过程，尤其是在第二环节"症结陈述"、第三环节"群策群力"部分，以学生喜闻乐见的活动，让学生在参与过程中认识自己，并学着与人合作，以达成共同的目标。这样的课程设计能够给小学中年级教师的教学提供指导，给学生的学习提供借鉴。

我们都一样

福田区皇岗小学四年级　刘婷

（1）引导学生认识自我、接纳他人。

（2）引导学生包容、理解、尊重他人。

学会包容、理解、尊重他人，学会接纳他人。

每个人的生活环境、身体条件、成长经历等都不一样，相互包容、理解和尊重能让我们平等地生活在同一片蓝天下。认识自我、接纳他人是拥抱世界重要的一步。

1. 激趣导入

（1）课前准备：请学生在纸上写下两个同班同学的名字，一个是你想感谢的人，另一个是跟你有过矛盾争吵的人。

（2）配乐分享绘本《没有耳朵的兔子》前面部分章节的内容，用一句话总结：这只没有耳朵的兔子很能干。

2. 症结陈述

在外表、性格、行为习惯等各个方面，我们都是不一样的。

学生活动：认识自我。在"我的小镜子"上填写自己的优点及想要改善的地方，在小组内真诚地分享，也鼓励同学们在全班分享。

3. 群策群力

（1）配乐分享绘本《没有耳朵的兔子》中间部分章节的内容，感受没有耳朵的兔子的集体生活。

（2）学生活动：播放视频《我和"淘气包"的故事》，学生谈"淘气包"的淘气行为给自己带来的感受，小组讨论"淘气包"淘气的原因和帮助他的方法。

（3）配乐分享绘本《没有耳朵的兔子》后面部分章节的内容，猜想故事的发展。

4. 合作探究

小组活动：在所出示的场景中，任意选择一个进行讨论，并通过表演、辩论、演讲等形式展示小组的处理方法。

在小组汇报时提炼包容、理解、尊重、接纳等关键词。

5. 点评分享

播放歌曲《我们都一样》，同时播放由班级同学照片制成的数字故事。播放完毕，学生可以下座位向课前写的两位同学表达感谢或表达歉意。

6. 总结深化

如果我们认同、接纳了一个人，那么我们对这个人的看法和评价就是积极的、正面的和肯定的，眼中看到的就是这个人的优点和长处，就会始终亲近他、支持他。从这个角度来说，人际关系的好坏，很大程度上与我们对他人的认同和接纳程度息息相关。

1. 预设与生成情况的表述

本课以绘本《没有耳朵的兔子》为线索串联课堂，希望借故事中的人物让学生更亲近课堂，勇于发现自我，善于认识他人，从而在具体的情景体验中真正认识、认同、接纳他人，悦纳自我。课堂的最后环节，很多学生在听《我们都一样》、看班级照片数字故事时已然湿润了眼睛，他们走向同伴并互相拥抱、微笑，或大方或羞涩地表达着感谢、歉意，场面温馨感人，令人动容。

2. 课堂调整

《没有耳朵的兔子》这一绘本篇幅不短，无须全部呈现，可以有选择地呈现部分情节的内容。

3. 课后建议

教师可在课后进行"真情信箱""爱心天使""欢乐对对碰"等班级系列小活动的跟踪，创设环境，强化认知，让学生在活动中体验，在体验中成长。

 简要点评

学会生存的根本在于能够与他人合作，能够在他人身上获取到完善自己的动力。单打独斗、逞匹夫之勇难以保全，学校教育当然要鼓励学生不断地认识自我、完善自我，以期在与他人的合作中，共同做出更大的贡献，实现人生的价值。本课的设计注重了对自身的认识，并采取多种活动来体现接纳他人、悦纳自我的益处。本课绘本和视频的引入能起到激发学生兴趣、激励学生主动参与的作用。但是，整个文本（简案）呈现得太简略了，以致单从文本中看不出运用怎样的媒介开展怎样的活动。本课"合作探究"部分应该是学生活动过程中的重头戏，但从文本看，确实"语焉不详"，缺乏具体的操作指导，借鉴意义也就大打折扣了。

接纳不完美的我

福田区景秀小学五年级　郭宇星

学习目标

（1）学生在积极的评价中学会欣赏他人，感受被他人欣赏。

（2）正确认识自己和他人。

（3）了解并感受人人都有缺点和优点，每个人都不应该因缺点而怀疑自己，也不应该因优点而轻视他人，要接纳自己，增强自信心。

学习要点

充分地认识自己，接纳自己，增强自信心。

设计初衷

随着年龄的增长、学习任务的日益加重，学生在生活中感受到的压力也相应增多了。五年级学生已经开始注重自己的形象，在意他人的评价，渴望个体的独立和得到他人的认可。因此，当他人指出自己的缺点或是自己意识到自身的不足时，他们会焦躁、难以接受，甚至逃避、掩饰。殊不知，世界上没有两片完全相同的树叶，同样，世界上也没有两个完全相同的人。每个人都是独立的个体，正确认识自己，接纳不完美的自己，我们会更加快乐。

活动过程

1. 激趣导入

请同学们听故事《小熊奥利维亚》。

2. 症结陈述

（1）小熊奥利维亚为什么不开心？

（2）后来小熊因为什么变得开心了？

3. 群策群力

小熊由不开心到开心，是因为对自己的长相有了正确的认识。同学们认为自己的长相如何？

（1）进行"画出理想的你"游戏。（放音乐，学生填表。）

（2）分享游戏感受，引出课题。（图画分享，初步认识自己。）

4. 合作探究

活动一：我眼中的自己

（1）请学生描述坐在身边的同桌，大声分享。

（2）你能够用一个词语来描述你自己吗？可以大声说出来。

（通过他人描述和自我描述，我们看到不一样的自己。）

活动二：发现自我

（1）完成表格。活动规则：完成"发现自我"表格，在每一项相应的满意度下打"√"，表格的项目还可以补充。

发现自我

内容	满意度			
	很满意	较满意	不太满意	很不满意
①当我看到自己的容貌时，我感到				
②当我看到自己的身高时，我感到				
③当我想到自己的性格时，我感到				
④当我想到自己的意志时，我感到				
⑤当我想到自己的情绪调节能力时，我感到				

内容	满意度			
	☺	☺	☺	☹
	很满意	较满意	不太满意	很不满意
⑥我对自己的记忆能力感到				
⑦我对自己的理解能力感到				
⑧我对自己的人际交往能力感到				
⑨我对自己的运动能力感到				
⑩我对自己的音乐感受能力感到				
⑪				
⑫				
我对自己的总体评价:				

（2）小组分享。要求：小组同学轮流分享。

①分享自己最满意的方面。面对自己最满意的方面，你是怎么想的？

②分享自己最不满意的方面。面对自己最不满意的方面，你又是怎么想的？或者你希望得到什么样的帮助？

③分享对自己的总体评价。

（3）全班分享。请各小组推荐一位代表来向全班分享一下。

（4）提炼方法。通过刚才的分享，你有什么样的感受？

①发现自我的方法：从外在和内在两方面来发现。

②应对方法：发现满意之处和不满意之处应该如何应对？（每个人都有各自的特点，要接纳不完美的自己。）

活动三：成长中的我

（1）请小组长给每位组员发一张A4白纸，课件出示活动要求：在一张A4白纸上竖着画出一棵属于你自己的树，在树边写"我是……的人"，每个人都要写出五到十句来，超过十句更好。

（2）开始画树，写句子。

（3）小组分享：大声读出自己写的句子。

（4）全班分享。（通过总结让学生增强自信心。）

5. 点评分享

小组分享与全班分享相结合。

6. 总结深化

看到这一棵棵独特的树，老师也看到了一个个独特的学生，也在这个过程中发现这是一个优秀的班集体，希望在今后的生活中，学生们能更好地认识自己，接纳并不那么完美的自己，发现自己更多的优点，更喜欢自己，更自信地生活，做快乐的自己！

1. 预设与生成情况的表述

设计课程时，预设学生对自己的评价会比较高，对他人的评价会相对低一些，但在课堂生成时却发现结果相反，学生在评价他人时往往更多地说优点和给予肯定，在评价自己时说得最多的是自己的不足。这是一种谦虚的表现，也是一种不够自信的表现。我们在平日教育孩子的过程中要多引导他们肯定自己，接纳目前尚不完美的自己，对尚存的不足之处要想办法去改善。

2. 课堂调整

在画成长之树时，应该让学生尽可能多地从积极评价的角度去写，不断地给予自己积极的心理暗示；在面对自己的不足之处时，应该让学生以积极的心态去面对，进行积极的心理暗示。

3. 课后建议

教师在与学生相处的过程中，要耐心倾听他们内心的烦恼之声，以身示范，告诉他们"这没什么大不了""大可不必因此而自卑"，不断地给予

他们积极的心理暗示，让他们学会乐观、坦然地接纳自己。在课后，可以向学生多推荐一些有关接纳自我的书；在平日的表达中，应注重训练他们对自己进行积极的评价。

 简要点评

古语有言："知人者智，自知者明。"一个了解自己并且能有效扬长避短的人往往容易达成目标。然而，对未成年的学生来说，由于其对外部世界的认知很朦胧，使得他们很难完整地认识自我，更难正确地对待自身的某些不足。本课较好地抓住了这一敏感的话题，引导学生认识自己，分析自身条件的优劣，摆脱无谓的烦恼，做好当下的自己。分享故事和互助活动是本课的实现方式，从引入《小熊奥利维亚》的故事到同学间分享"别人眼中的自己""自我特征的认知及评价"，学生们都很乐意参与。活动二"发现自我"是本课的重头戏，那些自我评价项目较详尽地概括出了一个学生日常活动、心理、性情的全貌，这样的自省也许是学生第一次进行的灵魂拷问。在互助活动和教师的引导中，学生能够在"成长中的我"的活动中去调整认知。当把那个树形图勾勒清楚时，他对自身的认知也就逐渐清晰起来了——"这就是现在的我"。相信无论完美与否，学生都可以接纳自己，并努力扬长避短，做好当下的事情。

认识自我、接纳自我

福田区荔园外国语小学（狮岭校区）五年级　丁怡

（1）学会正确认识并接纳自我。

（2）引导学生在学习和生活中扬长避短，增强自信，培养学生自我实现的意识。

能够认识自我、接纳自我。

设计初衷

一个对自己认识清楚、评价准确的人，能够确定现实的目标，采取有效的行动，充分发挥自己的长处，取得成功；相反，对自己认识不清楚、评价不准确的人，就可能狂妄自大或自惭形秽，影响自身的发展。心理学研究表明：如果一个人能够接受自己，就说明他没有明显的自卑心理，能够比较客观地认识自己，心理上比较平衡，他所采取的自我防御越少，社会适应能力就越强。刚上五年级的学生，自我意识已经发展，但还不成熟，在教育过程中了解他们所思所想，并及时引导其正确认识自我、接纳自我，对于增强他们的自信心、使他们顺利成长具有重要的意义。

1. 激趣导入

讲述绘本《糟糕，身上长条纹了》，引出今天的主题——认识自我、接纳自我。

2. 症结陈述

问卷调查：

（1）你满意自己的容貌吗？

（2）你觉得自己比别人差吗？

（3）对别人的赞扬，你持怀疑态度吗？

（4）你对自己的身材满意吗？

（5）你认为自己的能力比别人强吗？

（6）你认为自己有魅力吗？

（7）你是个受欢迎的人吗？

（8）你对自己的才能和天赋满意吗？

（9）你喜欢自己的个性吗？

（10）你对自己的学习成绩满意吗？

3. 群策群力

我们该如何认识自己、接纳自己？学生讨论后的主要观点：

➢ 多观察自己；

➢ 多反思自己；

➢ 尝试描述自己；

➢ 尝试以他人的视角来看自己；

➢ 写日记，帮忙认识自己；

➢ 改正自己的缺点；

➢ 调整自己的心态。

4. 合作探究

以小组为单位，选择一种方式来认识自己，接纳自己。

第一小组展示：自画像。

小组成员用各种形式来画出自己，抽象的、形象的、写实的、动物的、植物的……有的还在画的旁边附上一些说明文字。

第二小组展示：介绍自己。

小组成员依次介绍自己，如介绍自己的性格特点、自己的待人接物能力、自己与别人有何不同或自己有何独特之处。

第三小组展示：优缺点大轰炸。

小组成员每人准备一张纸，写上自己的名字，在纸上真实地写下自己的优点和缺点，写好以后统一交给组长。组长随意抽取一位成员的纸条，先由其他成员对被抽到的成员进行评价（态度要真诚），接着组长展示被抽到成员的自我评价，与其他成员的评价进行对比点评。

5. 点评分享

这些方法都能够帮助学生更好地认识自己，不管是好的自己，还是不好的自己。我们在生活中就要运用这些方法来正确地认识自己、接纳自己，进而成为更好的自己。

6. 总结深化

（1）呈现部分照片，先让学生看一个人的头面部，请学生想一想，这个人给你的感觉怎样，你认为他是怎样的一个人？

（2）呈现部分资料。照片上的人叫乙武洋匡，1976年4月6日生于日本东京，他酷爱运动，喜欢跑步、爬山、游泳、打篮球。1996年3月1日，他以5个系院全部合格的成绩考取日本著名的早稻田大学，攻读政经系。他的著作《五体不满足》是二战后日本排名第二的畅销书，每五个日本人就有一本他的书。

（3）呈现他残疾的照片。你们知道他是什么情况吗？他没有双手双脚，只有短小的四肢。他一出生就是这个样子，但是他决定要和正常人一样，读普通的小学、中学和高中。当然，老师也以一个正常人的标准来要求他。在读书期间，他不坐轮椅，仅靠短小的下肢行走。在《五体不满足》中他写到，他一直是以一个"人"而非"残障者"的身份活着。既然有残障者做不到的事情，也应该有只有残障者才能做到的事情，一定有只有残障者才能拥有的东西，所以他觉得，上天是为了叫他达成这个使命，才赐给他这样的身体的。常听到有人说"残障是一种个性"，他却认为这只是他身体的一个特征。因此，他认为没有必要为身体上的特征而苦恼。

他从幼稚园开始就一直认为，无论做什么事情，自己一定要表现得很帅，他也经常觉得自己很帅。

思考：经过这样的介绍，大家对他的评价有没有变化呢？是否认为他很帅、很有魅力呢？

我有我的光彩，我有我的魅力，每个人都是上天的宠儿，都有自己的闪光点，世界并不缺乏美，只是缺乏发现美的眼睛。请同学们写出自己的魅力和优点，更爱自己。

1. 预设与生成情况的表述

在开展此次班会之前，预设很多学生会排斥在其他同学面前剖析自己，所以老师打算拿自己的故事和大家分享。但课堂上让老师十分惊喜的是，同学们很积极，很乐于以小组探究的形式认识自己，剖析自己，并且能够接纳自己。

2. 课堂调整

按照原先的设计，由老师在课堂上用一半时间去讲述绘本《糟糕，身上长条纹了》。但是，真正上课后，老师决定，与其老师讲这么多，不如让学生自己探究，从而明白如何认识自己，接纳自己。

3. 课后建议

本节班会课教会了学生正确认识自己的方法，并且学会了接纳自己。教师建议学生课后写日记，回忆每天发生的事情，这些事情说明了自己是什么样的人，有什么样的优点和缺点，有哪些不足需要改善，这样学生就能够更好地了解自己，整理自己，发泄情绪。

 简要点评

　　古语有言："人贵有自知之明。"当今的幼童自我意识很强，往往以批判的眼光来看待外界，而能时常自省、客观认识自己的人却寥寥无几。因此，开展本课的学习和讨论就显得十分必要了。在课堂上，老师较好地抓住了"你满意自己的容貌吗？""你觉得自己比别人差吗？"等10个常见的问题，引导学生对自身加以省察，进而在"群策群力"环节引导学生对症分析，找出应对之策，再经过合作展示来分享不同的应对措施。这样的设计较符合五年级学生的实际，为学生的健康成长、学会生存、学会合作提供了借鉴。课堂后期所举残疾人的例子，缺乏些共性，容易让身边健康的孩子产生距离感，从而减少了情感与操作上的认同。

被讨厌的勇气

福田区荔园外国语小学（西校区）五年级　赵月华

（1）学会正确地看待自己，接纳自己。
（2）做出积极的改变，以更好地适应班集体生活。

（1）正确地评估自己，积极改变不良习惯。
（2）学会关爱他人。

高年级学生在人际交往过程中，因为集体生活评价维度的单一，往往会在自我评价的认知上产生偏差，低估自己的能力，时常为自己某方面不如别人而感到难过，产生自卑感。这种自卑感会影响学生的学习，影响学生人际关系的发展。我们不能忽视学生的自卑感，应该找到有效的方法帮助他们克服人际关系处理过程中的胆怯、不自信。

活动过程

1. 激趣导入

泰戈尔说："一个人要表现最高的真诚，就必须做到无事不可对人言。"今天，我们在这里上一节心理班会课。这将是一次心灵的对话，也是一种对自我的超越。我们需要认真听伙伴们的心声，设身处地地为他们着想，更需要勇敢地说出自己内心真实的想法，积极寻找解决问题的出路。那么，让我们带着微笑，用心读出"我们的约定"吧。

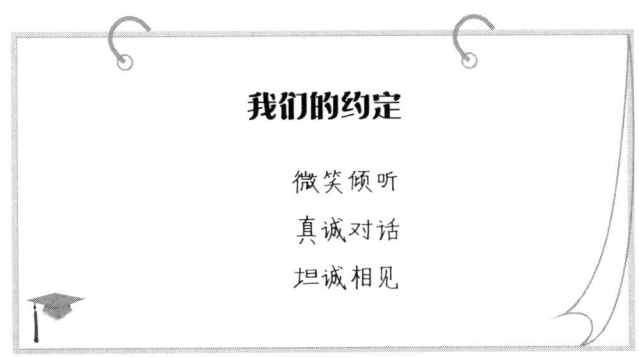

我们的约定

微笑倾听

真诚对话

坦诚相见

2. 症结陈述

教师：上周，在五（3）班的班会课上发生了这样一件事。（点开视频《小毅的苦恼》：小毅在班会课上，因为与同桌小真的矛盾而发怒，对全班同学愤怒地哭诉："我知道，不只小真，你们所有人都讨厌我，因为我长得胖！"）

小毅同学与同桌产生矛盾，由此触发了他长久以来因为胖遭到同学排挤和讨厌而感到无比愤怒和痛苦的情绪宣泄。你能理解他的气愤吗？

3. 群策群力

教师：谁都希望自己在集体中受欢迎。可是，当我们被别人讨厌的时候，可以做些什么呢？带着这个问题，我们先来看一个调查。（幻灯片展示问卷及分析）

调查问卷

① 你会因为_____而讨厌别人？（ ）

A. 学习不好　　B. 不懂礼貌　　C. 长得难看　　D. 说谎　　E. 其他

② 你会因为_____而被别人讨厌？（ ）

A. 学习不好　　B. 不懂礼貌　　C. 长得难看　　D. 说谎　　E. 其他

教师：关于问卷中"讨厌"和"被讨厌"的话题，我们得到了这样一个调查结果，请说说你的思考。

问卷分析

①你会因为_____而讨厌别人？（　　）				
A.学习不好	B.不懂礼貌	C.长得难看	D.说谎	E.其他
4%	47%	5%	36%	10%
②你会因为_____而被别人讨厌？（　　）				
A.学习不好	B.不懂礼貌	C.长得难看	D.说谎	E.其他
18%	20%	18%	13%	31%

学生1：有将近一半人会因为不懂礼貌而讨厌别人，可是只有一小半人觉得自己会因为不懂礼貌而遭别人讨厌。

教师：你的期望跟别人的不同，需要多多感受或倾听别人的想法。

学生2：觉得因为外貌被人讨厌的人，比因为外貌而讨厌别人的人多。

教师：这说明很多人并不太在意你的外貌，不满意你外貌的往往是你自己。当被别人讨厌时，比痛苦、哭诉更有用的做法是正确地评估自己、积极地改变自己、悦纳自己，不害怕被讨厌，寻找"被讨厌的勇气"。这里，老师所说的"不害怕被讨厌"并不等于"惹人讨厌"。老师把调查报告中同学们的困扰罗列出来，请你帮他们提个建议。（学习不好、不懂礼貌、长得太胖、不讲卫生、任性、喜欢教训别人、蘑菇头发型、说谎、拖拉）

4. 合作探究

教师：既要积极改变自己，又要悦纳自己，不过分在意别人的眼光，不刻意追求别人的认可。我们需要拥有被讨厌的勇气，贯彻自己的生活方式。只有这样，我们才能获得自由。战胜恐惧需要勇气，你们有吗？老师这里准备了一些神秘任务，请大家以小组为单位，可以选择独自完成任务，也可以约小组成员一起合作完成任务。

神秘任务：

任务一：找一个陌生人（在教室里指平时不怎么接触、关系比较生疏的同学，下同），请他（她）与你对视10秒钟。音乐停，不管任务是否完成都必须回到座位上。

任务二：大声说出"我可以"。音乐停，不管任务是否完成都必须回到座位上。

任务三：找一个陌生人，说服他（她）跟自己拥抱5秒钟。音乐停，不管任务是否完成都必须回到座位上。

任务四：找一个陌生人借一样东西。音乐停，不管任务是否完成都必须回到座位上。

5. 点评分享

教师：你们的任务都完成了吗？有什么感想呢？原来，眼神对视能让我们克服胆怯，不回避就是有勇气。积极的语言暗示也能给我们极大的精神鼓励，这也是拥有勇气的重要一步。

6. 总结深化

鼓励多维尝试、大胆实践。

教师：有没有哪位同学没有完成任务？谁能给他（她）一些建议或鼓励，让他（她）有勇气战胜自己？你还想给谁一些鼓励呢？是同学还是你自己？请在"勇气卡"上写上最真诚的话语，并贴在"勇气树"上。

小组活动：一个小组一棵"勇气树"，一人一张"勇气卡"。小组汇报，配乐读"勇气卡"。（播放轻音乐，六个学生依次读"勇气卡"。）

教师：闭上眼睛，我们将看到一个不一样的自己。此刻，我们为自己的独一无二而自豪。请接纳自我并不断完善自我。被讨厌并不是一件坏事，做快乐的自己，让烦恼轻轻飞走吧！

勇气卡

（　　）同学：

有人说你_____，但是我觉得_____。

做快乐的自己，让烦恼轻轻飞走吧！

你的朋友：_____ ☆

即时反思

1. 预设与生成情况的表述

课前的问卷调查，对五年级学生在集体生活中不受欢迎的原因进行了深入了解。通过问卷了解到学生觉得自己不受欢迎的原因大概分成两大类：一类是不良习惯，如不讲卫生、不懂礼貌、撒谎；另一类是不被别人认可，如特殊的发型、长得太胖等。学生需要通过自我反思来区分被别人讨厌的原因。应积极地改正错误，同时悦纳自己。课堂生成与预设基本一致。

2. 课堂调整

"神秘任务"环节出乎意料的是，有一个男生在规定时间内没有完成任务三。男生的理由是害羞，但他的好朋友说他挺外向的。于是，在课堂上老师请完成了任务三的同学给他出主意，临时把从这个环节过渡到"勇气卡"的内容做了一个调整，改为请其他同学帮这位男生找勇气。这个改变增加了学生对于活动任务的思考，也锻炼了学生的辩证思维能力。"神秘任务"教会了学生从自身或者外在寻求做事的勇气，也教会了他们关心和帮助缺乏勇气的同学。

3. 课后建议

寻找被讨厌的勇气，除了可以从同学那里寻找外，还可以从家人那里或从书籍中寻找。应拓宽思路,打开视野,做一个明慧通达的人。

简要点评

  本课设计得很完整,从话题的产生到有针对性地进行分析,再到找出应对之策,设计了一系列相应的活动,使学生认识自己,并谋求往好的方面来转变自己。这样的设计能够提供较完整的指导。学会生存、学会合作并不只是倡导的口号。处于青春期的孩子敏感且容易情绪过激,一旦发现自己因某些原因而不被人喜欢,甚至令人讨厌,能否正确对待就显得十分重要了。这并不是一句"走自己的路,让别人说去吧"能够释然的。学生如果采取消极的态度,因噎废食或一味地讳疾忌医,必将影响自己的健康成长。因此,只有在课堂教学中引入这类话题,指导学生正确地评价自我,有主见地选择改变方式,才能使他真正融入集体之中,也才能保障他正常地学习,健康快乐地成长。

暴躁情绪快快走开

福田区侨香外国语学校小学部六年级　李宛蓉

学习目标

（1）帮助学生认识排遣愤怒的重要性。
（2）教会学生排遣愤怒的最佳方式。
（3）让学生在以后的生活中积极主动地创建和谐的环境。

学习要点

（1）充分认识不能控制好情绪将给自己带来不利影响。
（2）找到排遣愤怒的最佳途径，尝试控制自己的情绪。

设计初衷

六年级学生已经步入青春期，心理变化比较大，尤其进入了最后一年紧张的学习冲刺，学习压力也逐步加大。他们有强烈的情绪体验，对人对事非常敏感，但缺乏自我分析、自我宽慰的能力，常处于一种矛盾的不平衡的焦虑之中。因人际交往的不称心、生活琐事的不如意而导致情绪暴躁在所难免，老师需要教会学生合理地发泄愤怒，减少不必要的矛盾。

活动过程

1. 激趣导入

一位同学扮演"暴躁君"，戴上事先准备好的面具并进行自我介绍。（学生运用暴躁的语气、粗暴的动作，尽量贴近现实生活。）

2. 症结陈述

同学们向"暴躁君"提问,并与"暴躁君"对话。(预设问题:暴躁情绪是怎么来的?会给自己和周围人带来哪些负面影响?)

学生从旁观者的角度,初步认识暴躁情绪对个人的影响。

3. 群策群力

活动一:如何面对"暴躁"情绪

(1)教师提示调节方向,小组讨论,策划具体的调节方案。(建议学生结合自身情况和经验,选择自己认为有效的调节方法。)

情绪调节

调节方向	调节方法
心理暗示	
合理宣泄	
选择遗忘	
转移注意力	
找人倾诉	

(2)小组展示讨论的结果并在全班分享。(老师给了五个明确的调节方向,让学生学会寻找适合自己的调节方法。)

4. 合作探究

活动二:情景表演

各小组任意选择一种调节方法进行情景表演。同学们分享一下自己更倾向于哪一种调节方法。(引导学生说出哪一种调节方法可以解决自己的问题。学生通过情景表演,学会从不同角度思考问题。)

活动三:送别暴躁情绪

(1)再次请"暴躁君"登场,请同学们对他说出最想说的话。

（2）同学们用便条贴写上想对"暴躁君"说的话并且贴在"暴躁君"身上。

（3）"暴躁君"发表"离别"感言，全班同学送别"暴躁君"。

5. 点评分享

给学生一个诉说心里话的平台，让他们敢于直视自己的暴躁情绪，同时送走暴躁情绪。

6. 总结深化

保持一颗平常心，愿同学们能积极面对暴躁情绪，并且使用正确的方法让暴躁情绪快快走开。这样，我们才能生活在一个和谐、愉快的环境当中，每个人都能健康快乐地成长下去。切莫因为自己一时的失控，损害了你与同学之间珍贵的友谊，或者伤害了最关心你的人。

1. 预设与生成情况的表述

设计课程时，预设学生对暴躁情绪比较了解，也比较苦恼。课程给学生提供了五个明确的方向，让他们有明确的方向去解决问题。在课堂生成时发现他们其实很清楚各种解决情绪问题的办法，但就是没有办法在情绪爆发的时候去控制自己的情绪。因此，自我调节是教师需要重点教会孩子的。

2. 课堂调整

在和"暴躁君"说心里话的环节，一开始有学生有所顾虑，不敢畅所欲言。教师可以让课堂气氛活跃起来，只有让学生放松了，敢于直面暴躁情绪并说出最真实的想法，才能有效解决问题。

3. 课后建议

教师在和学生的相处中，难免会遇到学生情绪激动、暴躁的时候，教师不要一味地批评指责，而要耐心倾听，做学生的倾听者。在日常学习生活中，可以有意识地保持学生宣泄情绪通道的畅通，让学生可以及时发泄情绪，不要让学生被负面情绪影响太久。

 简要点评

  处于青春期的孩子，大多具有逆反心理，面对生活、学习中的不如意，往往难以控制自己的情绪，暴躁地宣泄情绪更是常见的状态。本课抓住了此话题来引导学生的认知，能够让十二三岁的孩子认识到生活中的不如意是难免的，当出现不如意的情形时，宣泄情绪要有限度，不能肆无忌惮、任性而为。课堂设计得较为完整，活动和体验也较贴近学生的生活实际。如果在"活动一"把具体的"心理暗示、合理宣泄、选择遗忘、转移注意力、找人倾诉"方法列举出来就更好了，学生就可以在出现状况时选择应对之策。在"活动三"，让学生把要说的话写成字条贴在扮演者的身上难免显得有几分滑稽，容易让学生分散注意力而忽略了关注点。其实，学生产生负面情绪是必然的，关键是有针对性地找到适宜的排遣方法，不是说送走就能够送走的。

栏目四 生活适应

　　谈及儿童的情商培养，育人者总会尽其所能地从儿童的需求着手，遵循其发展规律，探索情商教育的各种渠道。与儿童的情商紧密相关的是儿童的社会性发展。儿童的社会性发展是指儿童学习他所属社会中的人必须掌握的生活技能、行为规范和价值体系，以取得社会生活适应性的过程。由此可见，通向儿童情商的跑道绝不能缺乏对他们生活适应性的培养。本栏目旨在帮助儿童树立自爱、自立、自强意识，克服依赖等不良思想，尽快适应小学阶段的生活。

我是小学生啦

福田区景秀小学一年级　郭宇星

学习目标

（1）知道自己是一名小学生，体会到自己角色的变化，能尽快适应新的学习环境。

（2）培养基本的生活自理能力，初步意识到自己的事情自己做的重要性。

（3）愿意独立完成自己会做的事情，不会做的事情努力学着做。

学习要点

明确自己的事情自己做、暂时不会做的学着做，培养基本的生活自理能力。

设计初衷

进入小学一年级，身边的环境发生了变化，许多学生感到或多或少的不适应。当今社会，物质水平提高了，过去吃苦长大的老一辈都不舍得让自己的子孙受生活之苦，每一位家长，尤其是爷爷奶奶这一辈，都对孩子呵护至极，凡需要孩子动手、出力、操心的事，都舍不得让孩子去做，大人全部承包，天长日久，导致孩子依赖性很强，缺乏起码的生活自理能力。然而，步入小学意味着孩子即将从家庭的个体生活进入学校的集体生活，家长不在身边，许多事情只能自己去完成。

学生刚入学，教师应抓住入学教育这一良好时机，让学生明白自己是一名小学生，帮他树立独立、自主意识，让他学会自我服务，自己的事情自己做，不会做的学着做，克服依赖大人的思想，逐步形成基本的生活自理能力，尽快适应小学生活。

1. 激趣导入

出示"入学通知书"。

教师：上学前我们每一个人都收到了一份"入学通知书"，谁能说说上面都写着什么呢？当知道自己要上学了，你的心情怎样？

2. 症结陈述

教师：我们都是小学生了，这是一件既高兴又光荣的事，代表着我们是大孩子了，不再是幼儿园的小朋友了。既然我们已经是一名小学生了，就应该自己的事情自己做，这也意味着我们要接受的挑战越来越多了。我们要尽快适应新的小学生活。

3. 群策群力

出示PPT，介绍一位名叫汤姆的一年级新生给大家认识：我们一起来看看汤姆第一天上学的场景。（出示汤姆起床正在穿衣服的图片。）

教师：同学们，汤姆正在自己穿衣服呢。早上起床，你们也自己穿衣服、叠被子吗？

活动一：穿衣服、叠被子比赛

过渡语：有这么多同学都自己穿衣服、叠被子，我们给这些同学鼓鼓掌。接下来，我们就进行一场穿衣服、叠被子比赛。

（1）拿出事先准备好的校服外套、小被子，请四名学生在规定时间内上台完成穿衣服、叠被子任务。

（2）请学生评价谁的被子叠得最好、衣服穿得最整齐。

（3）采访做得最好的学生，请他给全班同学分享自己穿衣服、叠被子的妙招。

（4）再请几名学生上台，请他们实践所学到的方法。

（5）教师小结：穿衣服、叠被子是自己的事，应该自己做。小朋友要向汤姆学习，每天起床后都自己穿衣服、叠被子，养成好习惯。（板书：早上起床——自己穿衣服、叠被子）

活动二：整理书包挑战赛

（1）播放视频：汤姆不仅每天自己穿衣服、叠被子，还每天自己整理书包。瞧，写完了作业，他又开始整理自己的书包了。（播放汤姆整理书包的视频。）

（2）洋洋小朋友把自己的书包整理得这么整齐，背在身上真神气。谁来说一说你想向洋洋学习什么呢？

（3）学生交流并指名回答。

（4）教师小结。（板书：整理书包——先大后小、分类摆放）

（5）"整理书包挑战赛"（配乐），向洋洋学习，把自己的小书包整理好。将事先准备好的书包、文具、课本、玩具等摆放在讲台上。谁愿意来挑战？（指名两个同学上台）其他同学当评委，看看谁表现得又快又好。

（6）学生评价、交流。

（7）教师引导并提问：在他们整理的时候，除了一些我们平时用到的学习用品外，还有其他东西，我们一起来看一看，这些东西能不能带到学校来？今天有没有同学在书包里装了与学习无关的物品呢？

（8）学生拿出自己的书包，开始练习整理自己的书包。

（9）教师总结：同学们真是太厉害了，都能够将自己的书包整理得很整齐，真是了不起，我们一起给自己鼓鼓掌吧！

活动三：学系鞋带

教师讲述故事：这一天，汤姆正在体育课上踢球，踢着踢着，他发现鞋带开了。可是他从来没有自己系过鞋带啊，以前每次鞋带开了，都是妈妈或者幼儿园的老师帮他系的。这可让汤姆为难起来了。

（1）出示图片。仔细观察图片，汤姆正在做什么？他找别人帮忙了吗？

（2）他为什么不找别人帮忙呢？

（3）鞋带开了，自己不会系，会造成什么后果呢？

（4）总结：我们自己的事情应该自己做，不要老等着家长来帮忙。如果自己的事自己不会做，又不学，总依赖别人，一旦离开别人就没法生活了，不仅自己要吃苦头，别人也不喜欢你。自己的事一定要自己做，不会做就学。要从小培养自己独立生活的能力，从小培养自己的事情自己做的好习惯。（板书：学系鞋带——不等、不靠别人帮忙）

4. 合作探究

给自己拟一份行动计划。

（1）生活中还有许多事情也是自己的事，你们还想到了哪些？请你和同桌互相交流，看看谁想到的最多。

（2）学生回答。

（3）小朋友们，刚刚你们提到的这些事情都是自己的事情，那你们全都会做吗？如果遇到自己不会做的，又该怎么办呢？谁能举例子说一说。

5. 点评分享

（1）学生交流，指名几个学生回答。

（2）请你将自己应该做的事情列出来，制作一个自己的事情自己做的"行动列表"吧。

行动列表

我应该自己 做的事情	我正在学着 做的事情	自己评价 （满分100）	家长评价 （满分100）

6. 总结深化

（1）学完这节课，你有什么收获？为什么自己的事情要自己做？

（2）教师总结：自己的事情自己做可以使自己生活方便，少给人添麻烦。自己的事情，会做的，要不等、不靠别人帮忙，自己做；不会做的，要学着做。老师相信你们一定会成为自己的事情自己做的好孩子。

1. 预设与生成情况的表述

（1）通过"入学通知书"勾起学生对第一天上小学情景的回忆，激发他们内心的喜悦和自豪感，也由此引出话题，使他们意识到自己已是一名小学生了，趁机号召他们"自己的事情自己做"。

（2）学生意识到了自己的事情要自己做，遇到不会做的事情时，要克服依赖思想，用心去学，努力去做。本课通过同龄人的事例，让学生有代入感，知道如何处理类似情况。

2. 课堂调整

可以让学生体验得更充分一些，只有充分体验了，才会获得真切的感受。要引导学生在游戏中体验自己的事情应该自己做，初步掌握基本的做事方法和技巧，增强他们的信心，并进一步延伸到日常生活中，落实"自己的事情自己做"。

3. 课后建议

学以致用，真正的"学会"不是体现在课堂的一言两语上，而是落实在生活的一点一滴中。填写"行动列表"的目的是让学生有坚持"自己的事情自己做"的动力，并明白这些事情是自己每天都要去做的，是自己要逐步养成的好习惯。课上学生填表，课下老师跟进，只有这样，才会让学生真正得到提升，养成好习惯。

可根据教材内容，引导学生结合自己的实际谈感受，如自己的事自己会做怎么好，不会做有什么影响等；可针对本班学生的主要问题增补一些辨析练习；可为学生树立身边的榜样，如把做得好的同学的录像演示给大家看，听家长表扬孩子的录音，给榜样戴大红花等；还可在班级发动家长，开展相关的活动，如组织穿衣服、叠被子、系鞋带、洗手帕等比赛，让孩子真正在生活中行动起来，不依赖父母，自己的事情自己做。

 简要点评

　　自己的事情自己做——这是许多家长对孩子的要求，也是孩子自身成长的需要。然而，谁也不是生来就会做事的。本课针对刚刚进入小学的学生进行了一次有益的指导。上课伊始，课程连续设计了两个具体的活动："穿衣服、叠被子"和"整理书包"，让学生体会做成事情的规范性和做好事情的必要性。然后，以填"行动列表"的方式，列举"我应该自己做的事情""我正在学着做的事情""自己评价""家长评价"，引导学生识别自己本该做好的事情。这样的设计，不仅让学生了解了自己的责任和担当，了解了做事的程序和方法，同时对顺利开展小学阶段的学习也提供了帮助。

我能表达友好

福田区莲花小学一年级　孔冉

学习目标

通过积极的语言表达，和同伴建立良好的关系，不仅令对方愉悦，也令自己快乐。

学习要点

用积极热情的语言传递快乐和友好，体会拥有友情的快乐，感受生活的美好。

设计初衷

进入小学以后，初步了解了自己的同学，找到了好朋友，学生之间建立起了最初的友情。友好的感情需要表达，小摩擦和小误会也需要及时化解。在班会课上以积极的语言表达感情，或及时真诚地道歉，可以在学生之间建立良好的关系，营造融洽欢乐的氛围。

活动过程

1. 激趣导入

教师讲述绘本故事《我有友情要出租》，引导学生感知友情的温暖。

《我有友情要出租》讲述了孤单寂寞的大猩猩不知道该怎么交朋友，于是想到了"出租友情"的点子，这样一来，不仅有朋友陪自己一起玩耍，还有钱赚，一举两得。刚巧，咪咪出现了，她正好没有玩伴，就马上租下大猩猩陪自己玩。他们玩得很开心。接下来，咪咪每天都来租友情。有一天，大猩猩准备了好吃的饼干想要和咪咪分享，而且特地不带装钱的小背包和计时用的沙漏，但是咪咪却因为搬家不能来了……

2. 症结陈述

一年级开学以来，班级有些同学之间相处得非常友好，教师希望借助班会课给学生搭建一个表达感激、感谢的平台。学生可以举出具体的例子。如果有什么需要解决的问题和矛盾，也可以坦诚地说一说。

3. 群策群力

学生先在小组内聊一聊，说一说自己的感受，可以谈自己交到了哪些好朋友，在和朋友玩耍的过程中有哪些时候特别快乐，出现过什么矛盾和小问题，是怎么解决的。

4. 合作探究

每个小组的组员都要帮助自己组内的同学找到友情产生的"闪光点"，说得越具体越好。小组轮流派代表上台来表达对自己班内好朋友的感谢。收到感谢的小朋友将会获得老师发的"友谊星"贴纸，贴在胸前，并且与分享感谢的小朋友拥抱或者握手，再由老师拍一张合影留念。

5. 点评分享

收到感谢的小朋友也说一说自己的心声。

6. 总结深化

鼓励学生互相表达感谢或者详细叙述在班级中得到的帮助和支持，这种美好的友情体验和同伴互助，值得学生铭记。

1. 预设与生成情况的表述

有可能许多同学都会向一位"人气王"同学表示感谢，导致一部分学生在整堂班会课中都没有收到感谢，没有被同学提及。这时候教师可以引导这些学生，积极地与其他同学开展友好的交往。有一些学生一年级入学以来没有交到好朋友，没有体验到集体生活的乐趣，这时教师要适当引导其他学生伸出热情大方的友谊之手，让那些性格内向、不擅长交朋友的孩子体验到集体生活的温暖。

2. 课堂调整

在大部分学生都表达了感谢，表达了体验友爱的感受或收到了别人的感谢之后，关注那些"角落里的孩子"，给他们展示和发言的机会。

3. 课后建议

这类班会课，可以每隔一两个月适时开一次，让学生分享在班集体中感受到的友爱、收获到的感谢，营造良好的班级氛围，及时处理班级矛盾，遏制同学之间相互告状、一言不合就闹翻的不良行为。

简要点评

儿童刚入小学，对学校应有几分好奇，对学习应有几分期待，对同学应能自然亲近，对教师应具有敬畏之心。其实，这些儿童要融入一个新集体，是一件很不容易的事情。一般的学前教育侧重于安排贴近儿童实际的活动来进行相应的教学，安全是第一位的，活动是第二位的，而学习则放到了第三位。这时的儿童虽不算是散兵游勇，但却很少体会到学校教育的约束性和课堂教学的规范性。因此，针对这个年龄段的儿童设计这类课程，就显得很有必要了。一个新班集体的组成，当然需要每个成员都能自觉融入其中，勇于交流沟通，学习合作互助，尝试化解矛盾，培养友谊友情。本课在"症结陈述"部分稍显简单，对学生间会出现的问题没能点明，如学生可能相对凸显自我、有时任性而为、过于依赖成人、漠视别人需求，倘若避开这些问题而去谋划"我能表达友好"，则会显得空洞了一些。

友谊星，亮晶晶

福田区福南小学二年级　魏谊敏

学习目标

（1）帮助学生认识与同学友好相处的重要性。

（2）初步理解、掌握与同学交往的三个技巧：乐于助人、善于表达、懂得宽容。

（3）激励学生爱自己、爱他人。

学习要点

掌握与同伴交往的三个技巧：乐于助人、善于表达、懂得宽容，提高人际交往能力。

设计初衷

低年级学生之所以不能与同学建立起正常礼貌的关系，主要在于表达方式不当。他们一旦受挫或有不良情绪，往往不善表达，有时候会隐藏或极端化表达自己的情绪。因此，本课从学生的生活实际入手，通过角色扮演、对比选择、观看动画等方法让学生明白同伴的重要性，初步学会爱自己、爱他人。

活动过程

1. 激趣导入

全班分组，每组各选一名学生代表参加游戏"蒙眼取书"。（配乐：小星星）

（1）游戏规则：用眼罩蒙住双眼，从教室后边一起出发，绕过障碍，

安全快速地到达目的地讲台，谁先把书拿到，谁获胜。

（2）比赛步骤：第一轮，学生独自参赛。第二轮，没有获胜的学生，找好朋友给予"爱的鼓励"的掌声帮忙。

（3）小结：有朋友帮忙，可以让原本困难的事情变得简单容易。

2. 症结陈述

故事《没有朋友的小明》：小明是一位二年级男生。有一次，走在小明前面的小华不小心摔倒了，小明加快脚步绕过小华，继续往前走，小涛则迅速扶起小华。又有一次，小丽的笔盒摔在地上，走在旁边的小明没有反应，而坐在后面的小莹见状就帮小丽收拾起地上的文具。课间，同学们都三五成群地去玩，小明则直接看着同学们玩。当老师问小明为什么不和同学一起玩的时候，小明闷闷不乐地回答："他们都不跟我玩！"

为什么大家不跟小明玩？小明可以怎么做呢？（小结板书：乐于助人）

3. 群策群力

故事后续：小明慢慢发现同学们变得愿意跟他一起玩了，很开心。有一天，小明的同桌小华在做数学作业时有一道题不会做，便去请教小明。小明很开心有同学向他请教，而且那一道题他会做，于是就很得意地说："这道题都不会，真笨。我就会做，让我来教你吧。"

小明应该怎样说，其他同学才更愿意向他请教呢？（小结板书：善于表达）

4. 合作探究

在学校里你碰我、我碰你的事时常发生。万一和同学发生了矛盾，应该怎么办？同桌合作演一演下面两个情景。

情景一	情景二
下课的时候，小军不小心把小明的书桌推了一下，小明桌上的东西掉在了地上，小军很不好意思，小明说……	小红向小明借了橡皮擦，迟迟不还。小明等着用橡皮擦，他会对小红说……

交流总结。(板书：懂得宽容)

5. 点评分享

你喜欢下面哪一种相处方式？请把手中的"友谊星"贴在下面括号里。

（　）小军：对不起！小明：没关系。

（　）小军：对不起！小明：谁让你超出界限的，我打你！

（　）小明：抱歉，我用一下！小红：对不起，我忘了还。

（　）小明：讨厌，借了不还！小红：对不起，我忘了还。

6. 总结深化

欣赏动画片《暴力云和送子鹤》，感受来自同伴的友善会让人更有力量。

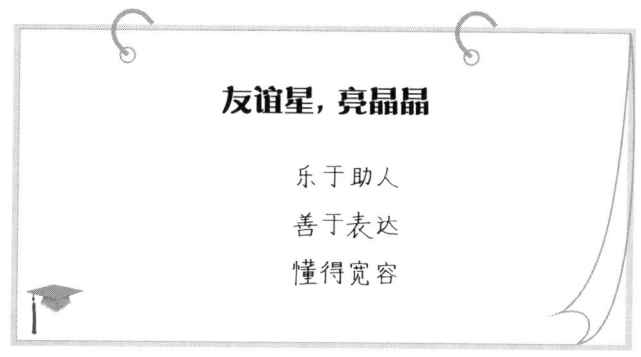

1. 预设与生成情况的表述

二年级学生情绪不稳定，自控力不强，遇到问题不会表达，不会处理，但模仿能力强。本节课以适应为主，教学生怎样与同伴更好地相处。因此，教师以学生生活实际为素材，创设了一个故事情景，让学生通过角色扮演，亲身体验与同伴如何更好地相处。在学习活动中，课堂氛围轻松愉快，学生的参与热情很高，面对负面情绪，能积极探寻解决的办法，从而使人际交往能力得以提升。

2. 课堂调整

老师的引导十分重要。在学生表达时，首先，要给予他们表达的机会，

让他们自由地表达；其次，要引导他们掌握人际交往的技巧，体验交流所带来的快乐。

3. 课后建议

在"合作探究"环节，台上的学生在表演，下面的学生有点坐不住了，可以让下面的学生带着任务看表演，比如，听一听，你觉得他们的话里有哪些词用得比较好？或者请下面的学生在座位上补充自己的想法。如果反馈的形式多一点，学生的参与度就会高一些。

 简要点评

一个幼童来到学校这个集体中学习，原本不会孤单，然而，可能因为不懂得如何与同学交流，没有主动融入班集体之中，最终"没有朋友"，形单影只地生活在热闹的集体之中。这是大家都不愿意看到的。如何解决这样的问题呢？本课较好地设计出相关的活动，通过合作、探究式学习来提升学生在这方面的认知，使学生主动投入到集体生活中去。本课在"症结陈述"部分摆出了造成"没有朋友"的原因——一个不关心他人、不能随时准备帮助他人的人，最终只会被他人遗忘。课程设计的几次活动都是较有成效的，能够引导学生在互助中提升自己的认识，主动融入集体之中，承担起自身的义务。本课总结归纳出的"掌握与同伴交往的三个技巧：乐于助人、善于表达、懂得宽容"，对提高学生的人际交往能力大有裨益。

放飞想象的翅膀

福田区莲花小学二年级　孔冉

学习目标

（1）体验丰富多彩、生动形象的想象所带来的乐趣。
（2）明白"知道的事情越多，想象的东西就越活灵活现"的道理。

学习要点

（1）尝试进行多姿多彩的想象。
（2）把想象的内容通过说一说、写一写表达出来。

设计初衷

小学低年级学生处在想象力迅速发展的黄金时期，发掘学生的想象力，有利于学生学习潜能的进一步开发。本课旨在通过观察小蜗牛的活动，满足学生的好奇心和观察兴趣，使学生在获得快乐体验的同时，放飞想象的翅膀。卢志英在《展开想象的翅膀》一文中指出，想象的生动性直接影响写作质量。学生把想象的东西表达出来，一首首洋溢着童真的小诗就自然而然地生成了。

活动过程

1. 激趣导入

今天课间，有几位小朋友在教室旁边的下水道附近发现了一只特别可爱的小蜗牛，我们现在把这只可爱的小蜗牛请到了教室里，大家掌声欢迎它！我们学过了课文《小蜗牛》，今天这只小蜗牛就来到了同学们的身边，我们一起来观察一下它。

总结:

(1) 蜗牛的壳特别大。

(2) 蜗牛的身体很柔软。

(3) 蜗牛非常害羞,只要一有什么动静,就马上把身体缩回壳里。

(4) 蜗牛有两只可爱的触角,它的触角也会缩回去。

……

2. 症结陈述

你对这只小蜗牛好奇吗?你有想对它说的话吗?

3. 群策群力

先在小组内聊一聊,分享一下自己的想法。(预设:小蜗牛喜欢吃什么?小蜗牛的爸爸妈妈在哪里?小蜗牛是男是女(是公是母)?小蜗牛为什么爬得这么慢?小蜗牛喜欢自己的壳吗?)

4. 合作探究

每组发一张白纸,把小组成员想到的内容写下来,如果能够组成一首小诗就更好了。有两个小组写得比较好。

小小蜗牛

小小的蜗牛你要到哪里去?

我要去森林里采蘑菇。

小小的蜗牛你要到哪里去?

我要去森林里找朋友。

小小的蜗牛你要到哪里去?

我要回到温暖的家里。

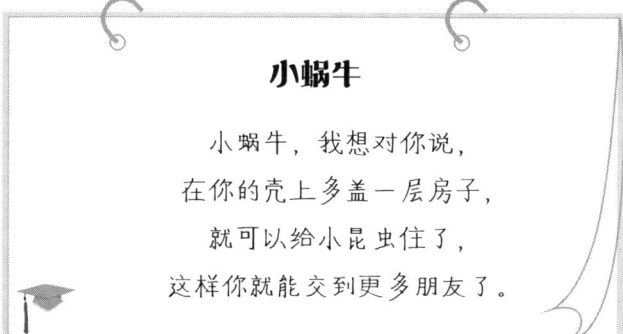

小蜗牛

小蜗牛，我想对你说，
在你的壳上多盖一层房子，
就可以给小昆虫住了，
这样你就能交到更多朋友了。

5. 点评分享

各小组派代表上台展示所思所想。

6. 总结深化

同学们想象力大爆发，猜想了小蜗牛的行踪、小蜗牛的朋友、小蜗牛的性格、小蜗牛的愿望等。丰富的想象力酝酿出的小诗，精彩纷呈！

1. 预设与生成情况的表述

学生的想象力超出成人的预设，学生对"小蜗牛"的提问充满曼妙的色彩，学生对小蜗牛纯真的描述更是绝妙的诗句。

2. 课堂调整

在小组上台展示的过程中，学生的想象力被激发，这时，要允许学生补充发言，鼓励学生表达自己新的想法。

学生："小蜗牛，小蜗牛，我想问问你，你的妈妈在哪里？"

蜗牛："我的妈妈去买菜，一个月了没回来。"

3. 课后建议

本堂班会课围绕小蜗牛进行想象，应鼓励学生拓展想象的空间，把课堂延伸到课后。

附课后创作。

 班会课可以这么上——放大招 施小计

小蜗牛与滑板车

小蜗牛想跑步，可是，它跑不动。

怎么办？

一个小男孩骑着滑板车飞过来，

小蜗牛爬上滑板车，

一滑，

哇，小蜗牛跑得好快呀！

 简要点评

生活中关于"蜗牛"的故事很多。蜗牛也是学生在生活中容易接触到的小动物，把它作为认知对象来引导学生去练习想象力是很不错的选择。小小蜗牛特点鲜明，肉乎乎的身子，两根触须高昂着探知世界，稍感危险就缩进坚实的壳里躲避，任你千呼万唤就是不出来……本课抓住这些特点让学生去感知蜗牛的形态，去感受它敏感的习性，去联想它的生活。学生在这一系列活动中记下自己的体会，经老师编纂和提升，组成一首首小诗，这对学生的学习自然能产生激励作用。但是，这类练习想象和表达的课型更像是语文课中的一次言语交际课或是思维指导课，作为班会课有点勉强，尤其是在"症结陈述"部分，该让我们如何认识学生在学习中的困难之处呢？

正确处理矛盾，共建和谐班级

福田区荔园外国语小学（狮岭校区）三年级　丁怡

（1）在活动中讨论解决矛盾的基本方法。
（2）在实践中掌握处理矛盾的方法，共建和谐班级。

学会并且能够运用解决矛盾的基本方法。

设计初衷

让学生懂得"理解至上"，理解"善待他人"，能够更好地与人相处，从而营造一个和谐的学习环境；让学生学会与人交往的艺术，懂得以"宽容"来维护自己的友谊，巧妙地避免矛盾冲突。

1. 激趣导入

一次理发师给周总理刮脸，总理咳嗽了一声，脸被刀子刮破了。理发师十分紧张，不知所措。周总理和蔼地说："这不能怪你，我咳嗽前没有和你打招呼，你怎么知道我要动呢？"这桩小事，使我们看到了总理身上的美——宽容，凡事先找自己的不足，进行换位思考。那么在生活中如果我们走在了宽容的对立面，会怎么样呢？请看来自我们生活中的几个真实的案例。

2. 症结陈述

案例一：小明、小刚、小军是某学校二年级学生。有一天，他们在操场上上活动课。突然,一个足球"嘭"的一声打在小明的头上。小明问:"谁扔的?想找死!"这时,有两个同学跑过来忙向小明道歉:"对不起,请原谅。"小明说:"对不起就行了?"不由分说,上去就对这两个同学拳打脚踢。小明一边打还一边对小刚、小军说:"给我打,反正打人不犯法。"打人果真不犯法吗?

案例二:小王是一名五年级学生。一天早晨,他匆匆忙忙赶去上早自习,走进教室,看到自己课桌上的书不知被谁碰倒了,极感不悦,正埋头整理书,小张起来了,想偷个懒从他的座位旁挤过去,而小王正因为书被别人经过时挤倒了而不高兴,就不让小张过。一个要过,一个偏不让过,结果他俩发生了争执。后来,小王居然动起手来,将小张打倒在地,小张的脚也给碰伤了。

看了上述两个案例可以发现,与同学交往时,难免会产生这样或那样的小摩擦、小碰撞。那么如何正确处理同学之间的矛盾呢?

3. 群策群力

学生6人一组互相讨论,由组长记录主要观点,然后选出代表发言。学生讨论后主要观点如下:

(1)及时解决日常学习、生活中的细小矛盾,不要让矛盾堆积,更不要让矛盾恶化。

(2)当发生矛盾时,矛盾的双方要保持冷静。

(3)换位思考。

(4)多想想对方的好处、优点。

(5)拉长时间来想。

(6)放大心胸,宽容别人。

(7)找朋友、老师帮忙。

4. 合作探究

你将采用什么样的方法解决同学之间的矛盾呢?我们现在以小组为单

位行动起来,待会儿请各小组上台展示。

第一小组展示:

情景模拟:我把同学借给我的书弄丢了,他气得当面羞辱我,还公开对同学说我是一个不值得信任的人,以后大家都不要借东西给我,我……

我们小组选择运用第二种方法:当发生矛盾时,矛盾的双方要保持冷静。

第二小组展示:

情景模拟:在走廊里,一位男生迎面飞跑过来,一下子将我撞倒,看着他手足无措的样子,我……

我们小组选择运用第三种方法:换位思考。

第三小组展示:

情景模拟:在教室里,没有练习本的同学不跟我说一声就使用我的练习本,害得我上课没办法做练习,我……

我们小组选择运用第六种方法:放大心胸,宽容别人。

5. 点评分享

这些方法都能帮助我们解决同学之间的矛盾,它们都不是完全独立的。当出现问题时,我们要学会运用不同的方法去解决,从而改善与同学的关系,共建和谐班级。

6. 总结深化

与他人产生矛盾时,需要用尊重、宽容、理解的态度去对待对方,还应该坦诚地检查自己,主动承认自己的过错,以求得谅解。

1. 预设与生成情况的表述

对于问题"如何正确处理同学们之间的矛盾?"预想的回答是同学之间取得谅解、通过老师调解、通过家长的帮助来解决,可课堂上同学们的

回答更加精彩,生成很多种解决矛盾的方法。

2. **课堂调整**

教师本来准备了案例在课堂上分享,但刚好上课前,班上发生了一起打架事件,于是,教师决定以打架事件为事例,让同学们在课堂上讨论应该如何解决。

3. **课后建议**

尽管本节班会课已经教给学生解决矛盾的方法了,但是,为了让他们真正做到,还需要时时提醒,反复强调。

 简要点评

人际交往产生矛盾是必然的。学校教育就是要让学生在日常学习过程中经历一些在生活中时常能够遇到的问题,并尝试找到解决问题的方法。本课针对学生间的矛盾及化解途径而设计。上课伊始所列举的两个案例很有代表性,表面上看都是鸡毛蒜皮的小事,而一旦处理不当,定然会向恶性方向衍进。课程在"群策群力"环节引导学生列举七种化解之策,由于是从学生中来的,操作起来并无难处,只要对症下药,就一定能缓解矛盾甚至防患于未然。

如何聪明地消费

福田区景秀小学四年级　李晓佳

学习目标

（1）学会思考消费行为是否合理。

（2）知道价格会变化及其变化的原因。

（3）懂得辨识商品的相关信息，购买合规合格的商品。

学习要点

（1）知道价格会变化及其变化的原因。

（2）懂得辨识商品的相关信息，购买合规合格的商品。

设计初衷

根据日常消费现象，运用合作探究的方式，通过"做个小当家""货比三家""明察秋毫"等活动，达成学生合理消费、聪明消费的预设。

活动过程

1. 激趣导入

在日常生活中，每个人都免不了要消费，所以每个人都是消费者。同样是消费，有的人觉得高兴，划得来；有的人觉得郁闷，认为自己买亏了或上当受骗了。

2. 症结陈述

教师：要学会聪明地消费，我们需要考虑什么？

3. 群策群力

（1）学生自由地说出消费时需要考虑的因素。

（2）教师适当点评并引导：消费要考虑的因素很多，这节课老师主要带着大家从消费行为、商品价格、商品的相关信息三个方面去探究如何做个聪明的消费者。

4. 合作探究

活动一：做个小当家——消费行为的合理性

元旦三天，表弟从湖南到深圳小明的家寄宿。表弟的父母给了他180元钱，委托小明带他游玩三天。每天中午饭和往返的车费最多只能用40元，晚上回小明家吃饭休息，估计这三天日常消费120元，还剩60元可以自由支配，买些零食或者好玩的。然而，表弟只消费了两次就把钱用光了。

第1次：第一天吃午饭时表弟经过一家玩具店，看到一个模型很漂亮但很贵，他控制不住自己，不听小明劝阻就用130元钱买了下来。

第2次：买了模型之后，表弟终于想起吃午饭了。他跑到一家汉堡店点了个60元的套餐，可他只剩下50元，为此还向小明借了10元。最后，他是用小明的钱回家的。第二、第三天，表弟再也不敢出去玩了。

小组讨论：作为小当家，你认为他的消费行为合理吗？请根据你的判断填表。

表一　两次消费

消费行为	是否想要	是否必需	是否昂贵或超出承受范围	为什么合理/不合理
第1次				
第2次				

请每小组选两名同学，一名同学分享自己的一次合理消费行为，另一名同学分享自己的一次不合理消费行为，并根据实际情况填表。

表二　两种消费

消费行为类别	购买物品	是否想要	是否必需	是否超出承受范围	为什么是合理的/不合理的
合理的					
不合理的					

抽取若干小组分享他们的表格。其他小组思考：他们说得对吗？你认为怎样的消费行为才是合理的？

教师：判断一次消费是否合理要考虑很多因素，而且因人而异。但很显然，我们先要保证满足日常必需的消费，再用多余的钱进行想要的但不是必需的消费，如娱乐的支出。学生的消费最好控制在自己能承受的范围内。

活动二：货比三家——会变的商品价格

小组合作：现在请同学们观察一组表格，要求认真观察，积极动脑。你发现了什么？它们的价格怎样？

表三　篮球

商品	售货地点	商品价格/元
篮球	百货大楼	136
篮球	路边超市	100

表四　哈密瓜

商品	出售季节	商品价格/元
哈密瓜	冬季	1
哈密瓜	夏季	0.2

表五　水果

商品	出售时间	价格高低
水果	平时	便宜
水果	春节	贵

表六　衣服

商品	材料、做工	商品价格/元
衣服	纯棉、人工精细缝制	50
衣服	纤维、机器批量生产	35

点评分享：价格会变。价格变化的原因有哪些？学生自由发言，教师总结如下：场所不同，价格不同；季节不同，价格不同；时间不同，价格不同；质量不同，价格不同。

教师：购物时要注意什么？

（1）购物前，货比三家。

（2）购物时，遇到问题可以询问售货员。请求售货员的帮助时，要有礼貌。（购物时，言行举止要有礼貌。）

（3）购物时，要注重商品的质量和用途，不必赶时髦、盲目跟风；不必攀比；不能只图便宜；对于售货员推荐的商品，要自己分析、判断、决定取舍。

活动三：明察秋毫——看清商品的相关信息

小组合作：教师出示一个商品的包装袋，学生仔细观察，看看上面有哪些信息。（信息包括：原料和辅料、质量级别、保质期、生产许可证号、贮藏方法、注意事项、食用方法、产地等。）

我们在购买食品时，应该看包装上的什么呢？学生在小组内观察包装袋，交流，归纳。

教师：我们平时要学会看清产品包装或广告上的相关信息，看产品的质量是否合格和达到自己的要求，避免买到三无产品或过期变质产品。

5. 点评分享

小组讨论购物时的消费技巧。

6.总结深化

通过学习,大家对聪明地消费一定有不少想法,请用一两句话自由总结自己本节课学到的消费知识。

教师:我们要想做个聪明的消费者,先要让自己的消费行为合理,同时从商品的价格、质量等角度多思考,聪明地选购商品。

1.预设与生成情况的表述

预设学生在汇报时会表述不清或不全面,老师要准备好总结的幻灯片或语言,让学生对每个消费相关的知识点一目了然,真的学有所得。

2.课堂调整

在"做个小当家"这一环节中,学生分辨自己日常生活中的消费行为是否合理可以不通过表格形式呈现,在小组中讨论再分享交流亦可。在"货比三家"这一环节中,所列举的商品可以任意选择,但要体现同种商品在不同条件下有不同的价格这一原则。在"明察秋毫"这一环节中,所准备的食品包装袋可以自选,但要准备相关生产信息比较齐全的。

3.课后建议

鼓励学生去进行一次购物,并让他根据本节班会课所学的相关知识写一篇日记,将自己对相关知识运用的情况和感受记录下来。

 简要点评

将小学生带入商品消费领地,在金钱花费上"斤斤计较",这原本在小学教育中不多见。许多老师都不愿意涉及这一话题,担心被诟病"让孩子过早地沾染上铜臭"。然而,小学生的商业消费却是个绕不开的话题。应该通过正常的课堂教学,让学生做出正确的消费判断。本课正是基于这一点来开展教学的,并以"做个小当家、货比三家、明察秋毫"三个层次,引导学生认知消费的过程,使学生从"消费行为、商品价格、商品的相关信息"等方面去体会火眼金睛和精打细算。这样的课程其实对学生来讲是很实用的,也能够让学生融合一些数学、口语交际等知识。本课在"症结陈述"部分过于简略了,这个环节应该引导学生讲一讲生活中可能遇到的问题,总结出症结之所在。

独特的我

福田区荔园外国语小学（西校区）五年级 范暹

学习目标

帮助学生认识自我，悦纳自我。

学习要点

在探究中体验成长的快乐。

设计初衷

很多孩子在成长的过程中遇到挫折时会产生自卑情绪。自卑情绪严重时会影响学习、生活。因此，要引导学生正确地评价自己。正确地评价自己有利于身心健康，使自己快乐地学习和生活。

活动过程

1. 激趣导入

教师：同学们，你们还记得上次我们见面时老师给你们布置的作业吗？请带来一样你最熟悉、最亲切、最能代表你自己的东西，说一说你和它的故事。（学生反馈）

教师小结：你所喜欢的玩具或其他物品，它身上一定有和你相通的地方，比如样子可爱，或者承载了某一段只属于你的记忆。

2. 症结陈述

情景体验：猜一猜、想一想

请几个同学上讲台，背向大家。座位上的同学分别起立，发出各种声音（笑、说话、唱歌、欢呼……），由台上的同学猜猜是谁发出的声音，并讲出他们的名字。

教师：大家想一想，他们为什么会猜对？原来，能猜出别人或者被别人猜出来，是因为每个人笑、说话、唱歌、欢呼等方式都是独特的。

3. **群策群力**

活力魔方秀：填一填、涂一涂

在"魔方图"上将自己具有的外貌和性格特点涂上自己喜欢的颜色。

如果自己的其他特点在"魔方图"上没有表现出来，可填在空格内，涂上喜欢的颜色，并在小组内交流。

总结：填涂"魔方图"让我们发现，没有两张图是完全相同的。正像"世界上没有两片完全相同的树叶"一样，世界上也没有两个完全相同的人，我们每一个人都有自己的独特之处。

4. **合作探究**

说一说、写一写

按照下面的句式说一说、写一写：

我喜欢我（　　　　），因为（　　　　　　）。

（1）小组交流。

（2）全班交流。

（3）请同学把写得好的句子贴到黑板上。

5. **点评分享**

认识自己，做最好的自己。

6. **总结深化**

在最美的时光里，我认识了最好的自己。

1. 预设与生成情况的表述

九岁左右的孩子，自我意识已经开始有明显的分化。要充分重视对孩子进行自我认识的教育，鼓励孩子坚持做自己，接纳自己的缺点和不足。基于此，教师设计了《独特的我》这节课。课堂开篇的两个游戏，一个是聊聊自己最喜欢的物品，另一个是猜猜他是谁。这两个游戏的指向性都很明确，就是告诉学生，每一个人都很独特，都是独一无二的。学生的参与热情很高，与预设基本一致。

2. 课堂调整

整个课堂的环节都是围绕着"魔方图"进行的。首先是自我认识，找出自己的特点；其次是自我认可，从自己的特点中找出自己最喜欢的，也是自认为最好的特点；最后是自我接纳，正视自己的不足之处，并从中发现积极面，提升自信心。

3. 课后建议

由于教师在心理学方面所涉甚浅，因此，无论是环节方面，还是把握课堂生成方面，都有许多不尽如人意的地方，需要在今后的学习中多加磨炼。

 简要点评

学校教育的基本功能不是消弭学生的个性，而是经过学习不断培养和强化学生健康、优雅的个性，并使学生在与同学的相处中实现"各美其美，美美与共"。本课的前半部分设计得较完整，活动内容和方式也贴近学生的实际，尤其是"症结陈述"环节，能够让学生积极参与，调动学生的记忆储备。本课的后半部分设计显得草率了些。"合作探究"环节，应该细化过程，"小组交流""全班交流"时的具体任务和课堂呈现的状况要有文字记载，"请同学把写得好的句子贴到黑板上"也应该将学生曾经拟定出来的文字列举一些。"总结深化"环节，应该具体总括全课的学习过程，归纳相关的认知，这样才具有指导意义。

走出"舒适圈"

福田区荔园外国语小学(西校区)六年级　柳婷

学习目标

（1）了解"舒适圈"概念，体验改变一个习惯的困难之处。

（2）直面自己的坏习惯，有勇气改变坏习惯，走出"舒适圈"。

学习要点

（1）敢于剖析自己的坏习惯。

（2）有挑战自己的勇气，为走出"舒适圈"制订一个计划表，并能在课后坚持完成。

设计初衷

现象扫描："舒适圈"是心理学的一个概念，意思是所有人都活在一个无形的界限里，其中有自己熟悉的环境，与认识的人相处，做自己擅长做的事，在界限内的我们感到很舒服，一旦走出这个界限，我们就会感到不舒服，很自然地想要退回到界限内。对于小学生而言，他们的"舒适圈"有很多具体的载体，比如害羞不敢与人交往、不敢尝试新鲜事物、喜欢睡懒觉等，要鼓励学生直面自己的"舒适圈"并且勇敢地走出来。

活动方式：体验、交流。

预设目标：本课从让学生体会改变两手交叉的姿势有多不舒服这一小小的活动开始，到学生畅谈自己的"舒适圈"有哪些，再到师生共同总结有什么方法可以帮助我们走出"舒适圈"。这个问题不是一节课就能解决的，它必将贯穿于我们日常生活与学习之中。

1. 激趣导入

（1）学生起立，自然地十指交叉相扣约5秒钟。

（2）以相反的位置十指交叉相扣约5秒钟，感受和之前动作的不同。

（3）随自己的习惯自然地绕手。

（4）再按相反的方向绕手，感受和之前动作的不同。

2. 症结陈述

第二次的十指相扣和绕手有什么感觉？为什么有这种感觉？

教师小结：变换两手交叉的姿势时，许多同学都说不习惯，也不舒服，为什么会出现这种情况呢？这就涉及心理学的一个概念"舒适圈"。如果我们不扩大自己的"舒适圈"，个人的发展及进步就很慢。

3. 群策群力

请学生谈谈自己的"舒适圈"。（请学生反思一下，自己在平时有没有勇气改掉不良习惯，有没有经常接受新思想、学习新事物，有没有挑战自我、走出自己的"舒适圈"？）

4. 合作探究

（1）倾听小陈同学的心声。

（2）小组成员帮助小陈同学制定一个方案。（小陈同学是一个很内向的男生，他只喜欢跟两个好朋友待在一起，不喜欢跟其他同学交往，但是现在，要想认识更多的朋友，就必须走出这个小小的"舒适圈"，请同学们给他出出主意。）

5. 点评分享

第一阶段，每天到超市买东西，练习和收银员对话。

第二阶段，每天放学后在自己家的小区练习和陌生人对话。

第三阶段，每天至少了解班上的一位同学，了解他的兴趣爱好等。（有条件的话，可以在一个月之后再对小陈同学进行采访，看看他是否克服了害羞的弱点，能够和同学自然地交往。）

6. 总结深化

"舒适圈"让我们大家意识到自己存在的缺点和惰性。每个人都会有惰性，都会有自己舒服的圈子，在这个圈子里待久了，人就缺少了进取心，就会变得停滞不前。所以，只有不断迎接新的挑战，不断改变自己，才能取得更大的进步！这不仅需要方法，更需要恒心和毅力！

1. 预设与生成情况的表述

克服惰性是一项长期工作，光靠一节课是不可能完成的，但在这堂班会课上，希望学生能够重拾直面惰性的勇气，能够激发出克服惰性的信心。

2. 课堂调整

根据学生的表现及时给予鼓励。

3. 课后建议

对于六年级的学生而言，本课设计的活动稍显单一，可以结合学生的实际情况，增加一些学生亲身体验的游戏，以加深学生的印象。

 简要点评

习惯容易让人不加思考地按一定的路径行事，惰性更容易让人依赖某种惯性而不"越轨"。"舒适圈"就是这种沉溺于"习惯成自然"现象的突出表现了。其实，把沉溺于"舒适圈"说成"画地为牢"也未尝不可。如果不能及时引领沉溺于"舒适圈"的学生走出去，必将影响他们的成长。本课旨在引导学生认识到"舒适圈"的不适宜，不能沉溺于"舒适圈"，而要果断地走出去，融入大集体之中。当然，期待一个沉溺于"舒适圈"已久的学生快速改变自己，接纳陌生事物不容易，不是一两次课的学习就能够达成的。教师需要在一段较长的时间内关注那些需要改变的学生，运用各种方法促其渐变，使其真正成为身心健康的学生。

呵护生命之花

福田区百花小学六年级　赖荟宇

学习目标

（1）知道生命的价值高于一切，珍惜自己的生命。

（2）了解一些求生、救生的方法。

（3）能形成正确的价值观、人生观和世界观。

学习要点

（1）懂得生命的珍贵；懂得要提升生命的价值应从点点滴滴的小事做起。

（2）学会规避危险，增强自护自救能力，能为他人提供力所能及的救援。

设计初衷

在学校里，学生不但要学会如何学习，同样要学会怎样生活，而生命教育是学生学会怎样生活的重要组成部分。以生命教育为核心开展主题班会，能很好地帮助学生认识生命、理解生命、尊重生命、热爱生命、提高生存技能、提升生命质量。六年级学生已有一定的道德规范教育的基础，会联系自己的生活经验去观察、思考和判断，对生命这种抽象的概念会有自己的认识，这时如何通过班会引导这一阶段的学生建立生命与自我、生命与社会的和谐关系是非常重要的。

本次班会课将运用情景设置法、直观教学法、辩论判断法等教学方法，采用情景表演、抢答知识、阅读法治条文等教学活动，让学生进一步了解生命的意义，珍惜生命的价值，学会关心自我、关心他人、热爱生命，形成健

全的人格。

1. 激趣导入

我们要热爱生命。

(1) 观看微电影《你希望的数字是》,让学生感悟思考。

(2) 学生分享感受,畅所欲言。

(3) 切入主题:每个陌生人都只是生命中擦肩而过的路人甲,但数字背后所代表的每个路人甲却都是一条条鲜活的生命。

2. 症结陈述

轻叩"希望小屋",永不放弃生命。

(1) 情景对比:

情景一:学生自杀。

情景二:印度洋海啸的生命奇迹。

(2) 学生讨论:两个情景故事中的主角对生命的看法有什么不同?

(3) 师生小结:无论我们的生命遇到什么样的困难、挫折和危险,都不应该放弃生的希望!

3. 群策群力

推开"智慧小屋",掌握救护本领。

(1) 学生分组抢答"日常生活情景"和"意外紧急情况"的相关问题。

(2) 师生小结:充分注意身边的安全隐患,加强远离危险、防范侵害的意识,这是珍爱生命最基本的要求。

4. 合作探究

拥抱"法治常识",感悟人生价值。

(1) 出示不同的生命价值观:①并不是每个人的生命都是有价值的。②人的受教育程度越高,其人生价值就越大。③小学生只有长大以后,为国家做出具体的贡献才能实现人生的价值。

（2）学生分组辨析。

（3）师生共议，老师引导：珍爱他人的生命，让我们自身的价值得到实现。

（4）学生学习法治常识：我国《民法通则》第九十八条规定：公民享有生命健康权。这是指公民依法享有生命安全和身心健康不受非法侵害的权利。我国《刑法》第二百三十二条规定：故意杀人的，处死刑、无期徒刑或者十年以上有期徒刑；情节较轻的，处三年以上十年以下有期徒刑。

5. 总结深化

（1）赏读生命之歌。

（2）主题升华：世界如此美丽，生活如此美好，爱如此温暖，让我们为自己、为爱我们的人而珍爱生命，珍惜生命的每一天，直到永远，永远……

1. 预设与生成情况的表述

在本次班会课中，有两个教学环节尤其需要教师注意把握学生生成的情况：一是让学生仔细研读关爱他人生命的相关案例；二是让学生初步接触有关生命权的法治常识。

学生在研读案例时，教师应该拓展学生对生命价值认识的广度和深度，在对比、讨论和辩论中懂得生命的价值高于一切，学会规避危险，增强自护自救能力，愿意力所能及地为他人施以援手。

学生在了解法治常识时，教师需要进行潜移默化的法治教育，引导学生懂法知法，尊重他人的生存权，树立尊重和关爱他人生命的意识。

2. 课堂调整

生命教育的话题是严肃的。针对小学六年级学生的年龄特点，一定要在班会课伊始调动起学生思考、讨论的积极性。本次班会课设计了微电影的导入方式，为的就是让学生初步感悟人与人、生命与生命之间的联系，为本节班会课做好情感铺垫。在播放完微电影进行师生交流的过程中，学生需要将对微电影的思考进一步迁移到自己身上，这就要求教师及时调整交流的方向，帮助学生联系自己的家人和朋友，感受生命的美好，懂得一个生命的逝去，是一个家庭乃至数个家庭天空的塌陷，每个人都应该负起自己和他人的生命之重。

3. 课后建议

生命不仅属于自己，也属于家庭，我们身上承载着家庭的希望；生命还属于社会，我们都是人类社会的延续。每位学生都要珍惜生命，活出生命的精彩。这需要持之以恒地做好生命教育工作，将关爱生命、规避危险的意识和方法贯彻到学生的生活中去。因此，我们不但要在课堂上对学生进行有意识的引导，在课后也要通过不同形式的活动来帮助学生做到知行合一，如可以让学生在身边选择需要关爱的对象，尽自己所能地给予援助；或以自由组合的小队为活动单位，广泛查找资料，将搜集的自护自救知识整理成小卡片，制成《我们的自护自救手册》等。这些课后活动将帮助学生不断积累生活经验，坚定珍爱生命的信念。

简要点评

珍爱生命、赢得精彩人生是大家共同的追求。然而并不是每个人都会善待生命，当某些意外袭来的时候，能否清醒应对、妥当处理，这考验着每个人的智慧和能力。本课正是着眼于这类问题来开展活动的，旨在引导学生体察生活的千变万化，找到应对意外的良策。课程设计是完整的，"激趣导入"后，"症结陈述"部分由"学生自杀"和"印度洋海啸的生命奇迹"两个案例引发学生的思考：在面对困境和灾难时，需要怎样的应对之策？本课的后半部分引导学生开展了较充分的合作探究活动，包括引入名言和法律常识来让学生识别并选择自己的行为方式。这些都能够较好地指导学生适应生活,成为自己生活的主人。但是,本课对一些具体活动的课堂呈现表述得过于简略,让人很难判别教学实施时的状况,尤其是"群策群力"部分的"日常生活情景"和"意外紧急情况"的相关问题及答题情况,更具体地呈现课堂实录才好。

栏目五 习练方法

　　如何在班会课上集中培养、训练学生所需的各种实用方法是本栏目重点讨论的问题。记忆方法听起来很高深，却是确确实实可以训练出来的。班主任巧心设计，将多个游戏呈现在课堂上，学生参与其中，不知不觉间掌握了如何高效记忆的方法。时间管理是所有人都需要面对的问题。小学生如何合理地安排时间？你可以在本栏目中得到一些启发。当然，做事情的方法不是上一节课就能真正掌握的，它需要老师们在课下不断追踪学生的习练过程，得到反馈之后再做下一步的调整指导。我们期望心理班会课能够成为一个良好的开端！

把握人生之舟的方向——锻炼自控能力

福田区荔园外国语小学（西校区）二年级　范暹

使学生能有意识地控制自己的行为。

锻炼学生的自控能力，使学生能管住自己。

设计初衷

小学低年级学生的自控能力弱，而良好学习习惯的形成以及自控能力的提高对学生本人、教师的授课及整个班级的课堂学习效果都有着非常大的影响。希望通过本课的学习，锻炼低年级学生的自控能力。

1. 激趣导入

故事引入——《小冯很烦恼》。

2. 症结陈述

在日常生活和学习中，我们会有很多管不住自己的地方。下面我们一起来当啄木鸟，啄出需要改正的行为选项。

（1）上课铃响了，学生安静地坐好等老师来上课。

（2）排队到操场上做课间操，学生乱哄哄的，有的说话，有的打闹。

（3）课堂上，学生在专心地听老师讲课并积极举手发言。

（4）做课间操时，有的学生不认真，动作马虎，不按节拍做。

（5）课堂上，有的学生东张西望，有的学生小声讲话。

3. 群策群力

判断后谈话并思考我们要向谁学习呢？

4. 合作探究

情景A：夏天，刚上完体育课。课间休息时间，排队接水喝的同学很多。小华在队尾排着，最好的朋友小刚马上就要排到了。小刚让小华插队到他那儿去，如果你是小华，你会对小刚说什么？

情景B：秋天，游乐园。老师带小朋友去秋游，来到了游乐园。游乐园里人山人海。老师告诉大家不能自己离开队伍去玩，那样是很危险的。走着走着，小明看见有一项自己最想玩的机动游戏，可是队伍却没停下来，还在继续往前走。如果你是小明，你会怎么办？你会对自己说什么？

5. 点评分享

（1）金鸡独立。游戏方法：全班学生参与，单脚站立，坚持10秒钟。在10秒钟内双脚落地的被淘汰。能坚持到最后的五位小朋友就能得到"管住自己小勇士"的奖励。

（2）逗你笑。游戏方法：一位学生在10秒钟内逗另一位学生笑，被逗的学生能忍住不笑就获胜，相反能逗笑别人的学生获胜。请能忍住笑的学生说说刚才在玩游戏时遇到了什么困难，是怎样克服的。

6. 总结深化

制订"管理自己的计划"。希望学生都能按计划管理自己，人人都做管理自己的小管家。

1. 预设与生成情况的表述

俗话说习惯成自然。好的习惯一旦形成，就会成为人的一种下意识行

为——不费力就能做到自我控制。要培养学生在校的行为习惯，可以从学生平时接触到的小事入手。学校里教师平时经常对学生进行各种具体的行为习惯的培养，如课堂常规、文明礼仪、列队要求和写字姿势等训练。因此，在设计上，教师所设定的情景一定是学生熟悉的，能够将学生代入每一个环节，保证了课堂的流畅性。

2. 课堂调整

随着学生年龄的增长，应注重培养他遵守社会道德规范等方面的习惯，如尊重他人、遵守社会公德，使自己的行为和愿望服从集体活动的目的和要求。课堂上的内容在这一方面还比较欠缺，应在"管理自己的计划"中进一步得到体现。

3. 课后建议

可以利用集体舆论导向和集体规范进一步约束学生，引导学生慢慢提高自我控制能力。

 简要点评

自控能力是一个人生存必备的素养。小学将一群未成年人聚集在一起，他们成长的过程离不开接纳别人、学会互助合作。本课较好地选择了"锻炼自控能力"这样一个切入点，让学生在日常生活、学习过程中，认识到任性而为的危害性，学着做一个讲规矩、懂礼貌、会合作的小学生。课中的情景再现、合作互动、判断识别等活动，为课堂增趣不少，能够吸引学生的注意力，保持学生的参与热情。但是，上课伊始引入的故事《小冯很烦恼》应该展示得清楚些，不然，阅读者想去借鉴时，会因为不知根底而难以运用。

记忆王国之旅

福田区福南小学三年级　魏谊敏

学习目标

（1）体验记忆方法带来的成功感受。

（2）初步了解和学习记忆方法，提升记忆能力。

学习要点

（1）学习一些记忆方法。

（2）体验学习的乐趣。

设计初衷

小学三年级学生进入了中年级阶段。这一阶段，学生的学习任务无论从广度还是深度来看，都比低年级有了显著变化。虽然他们积累了一些记忆经验，但记忆潜能还没有得到很好的开发，或缺乏方法，或有畏难心理。如果在这一阶段给予学生最好的心理陪伴以及科学的引导，帮助他们学习和掌握一定的记忆方法，提高他们的兴趣和自信心，必然能给他们以后的学习奠定良好的基础。因此，这节课以"记忆王国之旅"为主题，结合不同学科内容，通过学生喜闻乐见的游戏闯关活动——"智跨记忆桥""勇攀记忆峰""开启记忆门"，让学生分享自己的记忆经验，彼此学习和借鉴，提升记忆能力，以达到学习事半功倍的效果。

1. 激趣导入

记忆能力是完成学习任务的保障。同学们在小学度过了近三年的学习时光,可以感受到学习任务越来越多,也越来越难,这节课就让我们踏上"记忆王国之旅",挑战我们的记忆能力,看看能否找到提升记忆能力的好方法。

(1)要求学生在30秒内快速记下屏幕上的手机号码。(屏幕上出示手机号码:13912250806,30秒后自动消失。)

(2)学生反馈交流,背诵号码。

2. 症结陈述

(1)出示任务书,学生"智跨记忆桥"。(请学生在30秒内记住数字与其对应的每个动作;当屏幕上再次出现数字时,学生要做出正确的动作。)

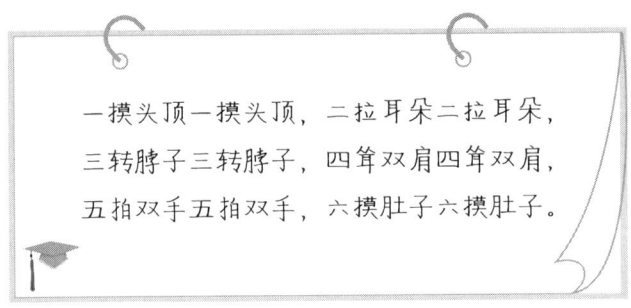

一摸头顶一摸头顶,二拉耳朵二拉耳朵,
三转脖子三转脖子,四耸双肩四耸双肩,
五拍双手五拍双手,六摸肚子六摸肚子。

(2)学生接受记忆考验。(注:屏幕上出示的数字可以随机选择。)

(3)全班交流识记方法。在这么短的时间里,你们能记住这么多口令,真不错!同学们,平时你们觉得自己的记忆力好吗?刚才你是怎样又快又准地记住的?(预设:找方法、按数字顺序、边说边做动作……)

(4)小结:记忆能力的好坏与很多因素有关,但只要认真观察、寻找规律,就能帮助我们找到记忆的好方法。下面我们就一起继续挑战,寻找记忆好方法。

3. 群策群力

（1）学生"勇攀记忆峰"。（在规定时间内记住每组单词，看谁记得多。）

（2）依次出示三组英文单词。（注：单词可以随机更换，每组六到八个，难度递增。）

第一组单词：at cat fat hat pat rat

第二组单词：pig cow bear go swim run read

第三组单词：school train fly sea bed pen cake red

（3）全班依次交流：我是怎么记住的？

（4）教师在每次交流中，根据学生的回答总结方法。（特征、想象、重复、分类、归纳、分段、联想……）

4. 合作探究

（1）让学生用总结出来的方法来"开启记忆门"，在一分钟内记住下面一段话。

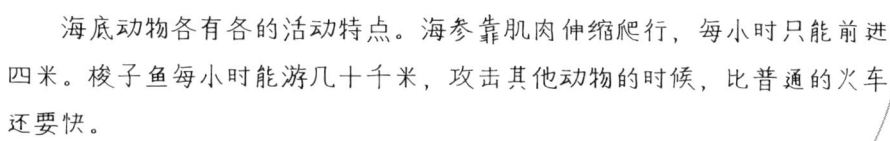

海底动物各有各的活动特点。海参靠肌肉伸缩爬行，每小时只能前进四米。梭子鱼每小时能游几十千米，攻击其他动物的时候，比普通的火车还要快。

（2）在小组内进行背诵比赛并评选出一位"记忆小能手"。老师巡查指导。

（3）给"记忆小能手"颁奖。

5. 点评分享

（1）请各小组评选出来的"记忆小能手"说说自己所用的记忆方法。

（2）再次让学生运用总结出来的方法背诵下面这段话，检查记忆效率。

乌贼和章鱼能突然向前方喷水，利用水的反推力迅速后退。有些贝类自己不动，但能扒在轮船底下做免费的长途旅行。还有些深水鱼，它们自身就有发光器官，游动起来像闪烁的星星。

6.总结深化

（1）适合自己的方法就是好方法，重点是要寻找并确定适合自己的方法。

（2）不仅记忆方法如此，在听课、写作业、复习、预习等其他学习环节也如此，找到了适合自己的方法，学习就可以事半功倍。

1.预设与生成情况的表述

预设学生明白记忆有方法可循，引导学生自发地探索学习当中的各种记忆方法，以提高学习效率，增强自信心。在课堂上，学生也确实带着任务，边发现边运用，体验到了记忆有法但无定法，只要适合自己的就是好方法。例如，在背诵手机号码环节就可以感受到，每个人背诵所采用的方法都不一样，有分段记忆的，有联系熟人手机的号码记忆的，有反复读的……

2.课堂调整

多数学生都有自己的记忆方法。虽然他们掌握的方法不很全面，也可能不是最适合自己的，但经过两年多的学习，他们或多或少都有自己的记忆方法。因此，学生每闯过一关后，老师应尽量提问更多的学生，让他们自己思考，自己发现，自己总结。

3.课后建议

虽然在设计过程中，教师提供了不同学科、不同领域的记忆材料，让学生进行记忆方法的训练，但结果呈现的依然是文字性的材料占大多数。

学生的积极性虽然被调动起来了,但仍有些"指导""传授"的痕迹。因此,在设计活动时,内容的选择应该再活泼些、开放些。

 简要点评

三到九岁是一个人记忆的黄金期,这个年龄段的记忆能力被开发出来,所记住的东西将终生不忘。因此,在小学阶段开展记忆能力课程的学习很有必要。本课从最简单的识记电话号码入题,再引入对英文单词的识记,从中找到一些记忆的规律和诀窍,帮助学生认识阻碍记忆的症结,并在师生的互动中,尝试找到记忆的窍门,提升记忆能力。安排的两段文字的识记比赛很有趣,学生能够积极参与并在成功与失落中体会正确使用记忆方法的意义。当然,练习记忆的方法很多,本课限于容量不可能全部进行认知和尝试,并且识记不同的内容所用的方法可能不一样,比如识记英文单词和汉语文章所用的方法就可能不一样,合适的就是最好的,不要拘泥于哪一种,这是教师在执教过程中需要关注的。

倾 听

福田区荔园外国语小学（狮岭校区）四年级　丁怡

学习目标

（1）明确倾听的含义，懂得倾听的重要性。

（2）学会听别人讲话，初步掌握倾听的技巧。

（3）养成倾听的良好习惯，做一个合格的倾听者。

学习要点

（1）明白作为一个合格的听众必须具备的要素。

（2）倾听技巧的揣摩和练习。

设计初衷

现在的学生自我意识强烈，喜欢彰显个性，在课堂学习中常常以自我为中心，急于表现自己，不懂得倾听。如何让学生学会倾听，关系到学生能否有效地获取知识、参与课堂学习、提升学习能力等。

善于倾听是现代人必备的素质之一，体现了对人起码的尊重。能否掌握倾听的技巧、做一个合格的倾听者，关系到学生今后的人际关系，是学生终身发展的需要。

活动过程

1. 激趣导入

曾经有个小国进贡了三个一模一样的金人，金碧辉煌的，把皇帝高兴坏了。可是这小国不厚道，使者同时出了一道题为难皇帝：这三个金人哪个最有价值？皇帝想了许多办法，请来珠宝匠检查，称重量、看做工，三个金人都是一模一样的。怎么办？使者还等着回去汇报呢。泱泱大国，不会连这个小问题都答不出来吧？最后，有一位退位的老臣说他有办法。

皇帝将使者请到大殿，老臣胸有成竹地拿出三根稻草，依次插入金人的耳朵。第一个金人，稻草从另一边耳朵出来了；第二个金人，稻草从嘴里出来了；而第三个金人，稻草掉进了肚子里。老臣说："第三个金人最有价值！"使者默默无语，因为答案正确。

学生四人一组讨论：为什么第三个金人最有价值？

聆听别人的教诲，第一个金人，从一只耳朵进另一只耳朵出，听完就忘了，或者根本就没有认真听；第二个金人，从耳朵进嘴巴出，听完就说，不经过大脑思考；第三个金人，从耳朵听进去，然后默默记在心里。这个故事告诉我们，最有价值的人不一定是最能说的人，但一定是一个善于倾听的人，一个把听到的东西记在心里的人。

2. 症结陈述

学生小组合作完成下列表格。

不良倾听行为和良好倾听行为的外在表现

项目	不良倾听行为	良好倾听行为
眼神	看别的地方；目光呆滞、无神；东张西望	保持适当的目光接触
表情	严肃；冷漠；皱眉；过度的情绪反应	适当微笑；点头；配合说话内容的表情
动作	身体背向说话者；双手交叉放在胸前；坐在椅子上身体后仰；转笔；伸懒腰；做其他事情	身体面向说话者；适当的安抚；不做其他事情
言语	打断别人的话；装腔作势；声音太大或太小；窃窃私语；不给予回应	等别人讲完再说；适当的语调；适当的音量

怎么做才算是一个合格的倾听者呢？学生四人一小组，互相讨论，待会儿与大家一起分享。

3. 群策群力

学生讨论后的主要观点：倾听的时候要专心；倾听的时候要用心；倾听需要有耐心。

4. 合作探究

以小组为单位选择一种方式来告诉大家"如何做一名合格的倾听者"。

第一小组：情景再现。

情景一：别人发言时，自己忙着叠纸飞机。

情景二：老师在讲课，有两个学生在说话。

情景三：一位同学在给大家讲故事，另一位同学在忙着画画。

表演者说出自己的心情，总结出对说话者的尊重体现为倾听要专心，即认真听，不分心，集中注意力。

第二小组：游戏展示。

有一辆公共汽车从总站出发，这时，车上有8名乘客。

到了一站上了5人，下了3人；下一站上了3人，没有人下车；下一站又上了2人，下了2人；下一站又上了1人，没有人下车；下一站没有人上车，下了6人。请问：车上有多少人？

同学们，怎样才能又快又准地说出答案？你有什么诀窍呢？（倾听的时候要用心，要带着问题有重点地听，而且一边听一边记，一边听一边想。）

第三小组：情景表演。

甲：刚看完一本书，想和同学分享。

乙：不停地变换身体姿势，插话，抢话题。

最后，甲失去了谈论的兴致，垂头丧气地走开了，边走边自言自语："怎么就没有人能好好地听我说呢？"

生活中有很多这样的情况，这是对说话者的不尊重，我们应该耐心地倾听。

5. 点评分享

倾听是一种重要的学习方式,通过倾听可以利用别人的智慧来帮助自己解决问题。此外,认真倾听也是一种礼貌,表示对说话者的尊重。希望同学们养成良好的倾听习惯,倾听时做到专心、用心和耐心,不随便分心插话,做个合格的倾听者,从而提高自己人际交往的魅力,也让自己在倾听中收获更多的知识、友谊等宝贵的人生财富。

6. 总结深化

最后,我想泄露点"秘密":

(1)身子不停地转来转去或不停地变换姿势——什么时候可以结束啊?

(2)随意插话、抢话——你说的我都知道了,你的意见我不在意。

(3)东张西望——你可不可以不要再说了?

(4)转笔——真有些无聊!

(5)不停地看表——你是不是该走了?

1. 预设与生成情况的表述

在开展此次班会课之前,老师预设很多学生都不善于倾听,不知道如何倾听,因此,老师设计了表格,让预设以小组讨论的方式来填写。老师预期学生只能写出一点片面、浅显的内容,可从预设的分享中可以看出,他们很清楚倾听的不良表现和良好表现。在讨论倾听的技巧时,学生总结得非常到位。由此可见,学生对于倾听有一定的认知,只是知易行难。

2. 课堂调整

在本节课的最后,开展了一次"倾听大考验"——我说你听,让同学们在实践中体会倾听的技巧。

游戏要求:同桌两人,左边为A,右边为B。

A任务:认真给你同桌讲讲最近让你烦心的一件事或你周末的经历,时

间1分钟。

B任务：对方给你讲事情时要求你专心、用心、耐心地听。

3.课后建议

本节班会课教会了孩子如何养成良好的倾听习惯。课后老师建议学生在与他人交流沟通的过程中，有意识地使用倾听的技巧，并每天反思自己的倾听行为是否合适，真正学会与他人进行良好的沟通。

 简要点评

会倾听是一种良好的品质。然而，当下很多学生却不能保持倾听时的注意力集中。不认真倾听别人说话，当然也就不会适宜地回应说话者，必然使得言语交流达不到预期效果。本课的设计很有意义，旨在引导学生养成正确的交际习惯，保证信息接收和表达的完整性。上课伊始，"三个金人"的故事很有意思，让学生体会到了"听"的意义。课堂上多次呈现的合作学习、互助探究活动，能让学生多角度地感知生活中言语交际时的某些弊病，进而寻找解决之道，最终让学生懂得，认真倾听不仅是一个礼节问题，更是一个获取知识、增进友情的机会。课程最后泄露的"秘密"很重要，有一种警示作用，因为当下很多学生可能正在重复这些举止。

像画画一样写作

福田区景秀小学五年级　李晓佳

学习目标

（1）学会用思维导图确立作文主题。

（2）学会用思维导图构思作文内容。

（3）学会用思维导图形成和修改作文语言。

学习要点

（1）用思维导图构思作文内容。

（2）用思维导图形成和修改作文语言。

设计初衷

根据学生写作难的现象，运用"示范—模范"的创新方式，采取"确立主题""构思内容""提炼语言"等活动，达成学生用思维导图构思作文的预设。

活动过程

1. 激趣导入

教师展示一幅关于作文构思的思维导图，讲解用思维导图来描述事物相比作文，给人什么不同的感受。

2. 症结陈述

教师：没错，思维导图给人留下的印象很直观、形象……学生所说的众多特点，也是思维导图的优点。用思维导图构思作文有莫大的好处。如果你也用思维导图来构思作文，你希望它为你的写作带来哪些好处？

3. 群策群力

学生自由地说出自己希望用思维导图构思作文的好处。

教师总结：用思维导图构思作文的好处很多，这节课老师主要带着大家从确立主题、构思内容、锤炼语言三个方面去探究如何用思维导图来构思语文书上的一篇作文《介绍一种物品》。

4. 合作探究

活动1：确立主题（10分钟）——确定对象，畅谈原因，描述特点。

我们读读本篇习作的要求：

读了本组课文，你一定体会到了说明性文章的一些特点，学到了一些说明方法。本次习作，我们就练习写说明性文章。

你可以选择一种物品介绍给大家，如蔬菜、水果、玩具、文具或电器。写作之前，通过观察、参观、访问、阅读说明书等方式，尽可能多地了解这种物品，然后再想一想，可以从"哪些方面"、按照"什么顺序"来介绍，能用上"什么说明方法"。

写完以后读给同学听，看看介绍清楚了没有，不清楚的地方再改一改。

小组讨论：每位小组成员在讨论中都要确定自己想介绍的物品。为什么是它？它有什么特点？

点评分享：请一位同学分享介绍的物品、介绍的原因和物品的特点。其他同学可以帮忙补充意见或提出建议。

总结：我们现在将自己介绍的物品及其特点用思维导图画出来。注意将所画"物品名称"放在最左边居中的位置，下面写上这个物品最大的"特点"。

活动2：构思内容（15分钟）——规划内容，安排顺序，具体细化。

我们再来构思内容，也就是构思从"哪些方面"来写这个物品。要按照一定的顺序来写，写得具体些。

讨论：可以从"哪些方面"写你要介绍的物品？可以按照"什么顺序"写？每方面的内容还可以分成更具体的细节吗？

分享：请一位同学说准备介绍选定物品的"哪些方面"，按照"什么顺序"写，每方面的内容还可分成哪些细节。

总结：思维导图上已经有"物品名称"，现在将介绍物品的"哪些方面"和按照"什么顺序"加进思维导图，构建好思维导图的框架。第一分支列介绍物品的"哪些方面"，具体做法是从"物品名称"引出若干间距匀称的横线（横线数目根据需要介绍物品的多少个方面而定），然后把所得的关键词标注在每根横线的末端。第二分支列按照"什么顺序"介绍。

活动3：提炼语言（10分钟）——明确要求，提炼语言，修改句子。

这是一篇说明文，你选用了"什么说明方法"？你是"怎么说明清楚"的？

讨论：常见的说明方法有四种——打比方、列数字、举例子、做比较。请小组内一人选择一种说明方法来介绍自己文章中的物品，请别人听一听他说得是否清楚。

分享：请一位同学选择一种说明方法来介绍物品的一个方面，其他同学听听他介绍得是否清楚。

总结：现在将对"什么说明方法""是否说得清楚"的思考和判断加进思维导图，借助思维导图来提炼语言。第三分支列"什么说明方法""怎么说明"，把每种准备使用的说明方法的名称、每种说明方法怎么说明的具体语句转换成简单的词句列上。第四分支列"是否说得清楚"。然后，把你运用说明方法说明物体时准备要写的话讲给你的同桌听听，让他听听你是否说得清楚，一时说不清楚可以反复修改语言，反复说给同桌听，等到说清楚后，在每根横线的末端打个钩，表示你"说得清楚"。

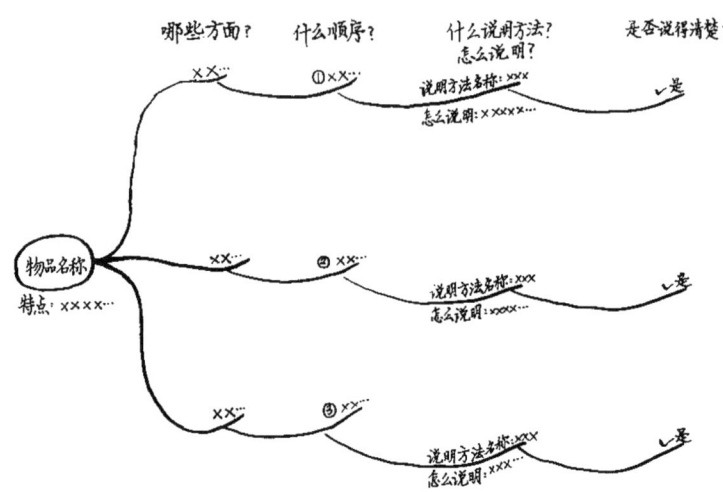

5. 点评分享

分享思维导图的使用方法。

6. 总结深化

总的来说，思维导图让写作变得像画画一样好玩：先确立写作主题，就像定下所画的对象一样；再构思内容，就是描绘轮廓；最后提炼语言，就是给图画添上色彩。刚开始大家运用思维导图难免比较死板，亦步亦趋或者千篇一律，但只要不断大胆地尝试，精益求精，相信大家使用思维导图来构思作文的能力会越来越强。

1. 预设与生成情况的表述

预设学生会在每个探究活动进行汇报时表述不清或不全面，老师要准备好总结的幻灯片或语言，让学生对每个相关的知识点一目了然，真正学有所得。

2. 课堂调整

"确立主题"这一环节旨在让学生确立写作对象和明确写作对象的特点，其实还可以让学生自拟主题。"构思内容"这一环节想让学生构思内容的框架和具体化内容,可以在具体化内容时将某一方面分成更多更细的部分。"提炼语言"这一环节,可以让学生直接往分支上写句子,不一定只写关键词。

3. 课后建议

鼓励学生课后根据思维导图写成文章,并根据文章再画一张思维导图,将新的思维导图与作文一对比,一定会对如何画好一幅帮助构思作文的思维导图有更深刻的体会。

简要点评

思维导图之于写作,在行文前属于列写提纲范畴,在成文后属于条分缕析地肢解文章范畴。它就像一架鱼骨,枝枝权权必有依据。对小学生习作训练而言,利用思维导图来梳理较为繁杂的思绪,呈现文章的基本脉络,以逻辑思维的方式来标注并固化形象思维,是一个很大胆且有益的尝试。当然,并非一切思维或思路都可以因循某种导图来固化。本课的设计很大胆,富有创意,选择《介绍一种物品》这类说明文来引导学生认识思维导图,在开展的一系列活动中,逐步清晰了对思维导图的认知,并尝试了列画(写)思维导图的练习。本课安排了多次合作学习、互助探究,引导学生在互帮互学中加深对"思维导图"的认识。这样的设计是可取的,也是当下课堂教学所提倡的,即"教师导学—学生互学—分享鉴别—共有所获"。

时间密码

福田区皇岗小学五年级 刘婷

学习目标

（1）初步学会合理规划时间的方法，提升学习效率。
（2）培养学生合理安排时间的信心，增强自我效能感。

学习要点

按轻重缓急排序、五项工作法、利用碎片时间。

设计初衷

高年级学生学业压力增大，学习时间长了，属于自己的时间少了。而这个年龄段的学生自我意识增强，有发展自己兴趣爱好和与同伴交往等需求。一些学生不会协调学习时间和生活时间，抱怨"忙"。让学生理解时间的价值、初步学会合理规划时间的方法，对于提升学习效率、增强自我效能感有重要的作用。

活动过程

1. 激趣导入

播放《你的时间够用吗》的采访视频，让学生就这一话题谈自己的感受。

2. 症结陈述

播放故事《小立的考试前夜》，学生看到不会安排时间的小立，这一晚过得有点忙。很多时候，大家总抱怨时间不够用，其实，不是时间不够用，而是大家没有规划好自己的时间。

3. 群策群力

学生游戏：每个小组都准备一个托盘、若干石块、若干碎石、若干细沙、水、一个容器，在两分钟内尝试将更多的东西装入容器。

（1）各小组合作挑战游戏。

（2）请装入石块最多的小组讲解他们的游戏方法及过程。

（3）教师在上述小组的容器中继续尝试加沙、加水。

时间密码一：按轻重缓急排序。

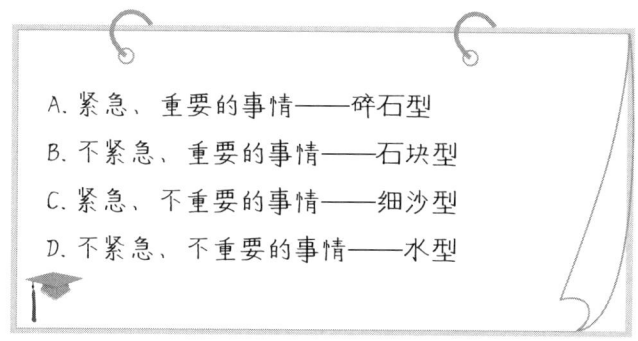

A. 紧急、重要的事情——碎石型
B. 不紧急、重要的事情——石块型
C. 紧急、不重要的事情——细沙型
D. 不紧急、不重要的事情——水型

（4）你觉得在小立的故事中，哪些事情是石块型、碎石型、细沙型、水型的呢？

要分清工作的轻重缓急。我们要特别重视 B 类事务，当我们有计划、有条理地做好 B 类事务时，就不会让 B 类事务变成 A 类事务。

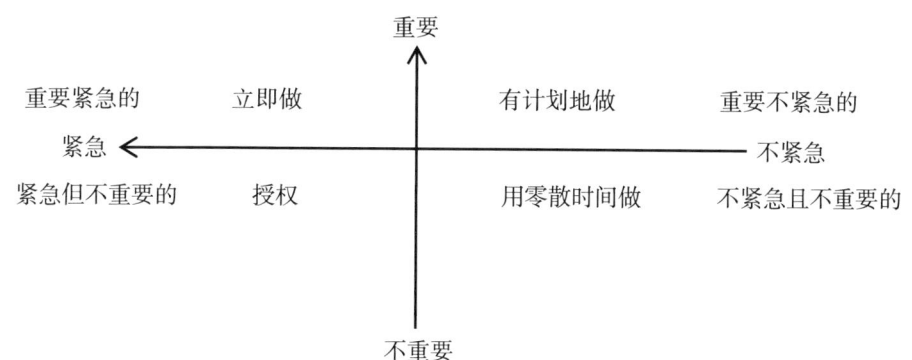

根据第一个时间密码，我们知道重要不紧急的事情需要特别重视，要有计划地做，这样能让我们的生活更加从容，目标更易达成。

时间密码二：五项工作法，学会取舍。

学生活动：罗列一天中最重要的五件事，为自己制订一个一日计划。

4.合作探究

（1）如果老师在课堂上给十分钟自习时间，你会做些什么呢？

（2）播放《中国诗词大会》第三季总冠军快递小哥雷海为的采访视频，了解他如何利用碎片时间背诵古诗词。

时间密码三：利用碎片时间。

（3）小组合作：在组内讨论我们可以利用的碎片时间有哪些，可以做些什么事情，并填写表格。

5.点评分享

学生分享各组合作填写的表格，分享自己的课堂感受。

6.总结深化

我们一起破译了三个时间密码，其实时间密码远不止这三个。希望同学们能发现更多的时间密码并坚持践行，二十一天后，相信你会遇见更美好的自己。

1.预设与生成情况的表述

课堂生成与前期预设基本吻合，学生能在各种素材中敏锐地捕捉到合理安排时间的重要性、规划时间的方法，每个学生都有在课堂活动中深入体验、习练的机会。

2.课堂调整

在学习"时间密码二"时，根据课堂情况提示学生分清学习任务的轻重缓急，拓展他们的思路。

3. 课后建议

"激趣导入"环节可用感悟时间的小游戏,让学生在轻松愉悦的游戏中自然进入心理班会课的氛围。"时间密码"还有很多,如标准化操作、时机管理等,希望学生由此发现更多的"时间密码",提高自己的学习效率。

简要点评

把要做的事情分出轻重缓急并统筹安排时间去妥善处理,这是我们所希望的。这种对"统筹方法"的初步认知很重要,能将学生引入正确的思维和行事轨道。上课伊始的游戏活动很有趣,如何将"石块、碎石、细沙、水"这些东西最大量地装进一个容器内需要费些心思,程序错位、方法不妥都达不到最佳效果。这样的活动能够把学生带入"趣玩"情景。课中设计的"时间密码二:五项工作法,学会取舍"环节也很不错,让学生在活动中"罗列一天中最重要的五件事,为自己制订一个一日计划",这对学生合理安排自己的日常生活和学习很有帮助。一旦这样的安排成为常态,学生的生活和学习就能够日渐规律起来,面对千头万绪都可以游刃有余了。

栏目六 通畅表达

  每个人都有自己的想法，每个人都有表达想法的欲望。想法，包含人对这个世界的感受和理解；表达，是人打开心门后主动融入世界的一种方式。在小学阶段，学生的身心成长变化较快，对世界的感受和理解也在快速变化，但他们的表达能力往往不足以帮助他们传递感受和理解，从而出现了成长中的烦恼：表达能力较弱导致的人际关系问题；家庭沟通不畅导致的家庭矛盾；排解出口堵塞导致的负面情绪积压，如自卑、挫折感、厌学等。在心理班会课上，我们将通过问卷调查、游戏、小话剧、情景对话等方式，引导学生正视自己的想法，勇敢地表达自我，分享表达自我的多种方式，最终拥有通畅表达的能力。

朋友相处，好好说话

福田区外国语学校（南校区）小学部一年级　余坤阳

学习目标

（1）让学生感受到并认同沟通与交流的重要性，反思自己沟通中存在的问题，乐于沟通。

（2）让学生学会有效沟通的多种方式与方法，变得善于沟通。

学习要点

（1）通过游戏体验"倾听"与"传达"。

（2）通过场景体验引导学生学会沟通。

设计初衷

一年级的学生刚刚从幼儿园进入小学，语言表达能力还没有得到足够的锻炼和发展，在相处中容易出现"一言不合即动手"的现象，因此本节班会课旨在通过游戏、情景剧及课堂讨论来引导学生思考如何恰当地表达。

活动过程

1. 激趣导入

（1）齐读课堂约定：微笑倾听、真诚对话、坦诚相见、积极参与。

（2）活动：我说你画。

活动道具：两张样图，每人一张白纸、一支笔。

活动程序：

第一轮，请一名学生上台担任"传达者"，其余学生都作为"倾听者"，"倾听者"根据"传达者"的指令画出样图（一）上的图形，"倾听者"不许提问。指令传达完毕，老师率先分享"倾听者"图片（图片至少两张，要包括最贴近的和最离谱的），"倾听者"分享自己的感受。根据"倾听者"的图，请"传达者"分享感受，分享后展示样图。

第二轮，再请一名学生上台，看着样图（二），面对"倾听者"传达画图指令，其中允许"倾听者"不断提问，看看这一轮的结果如何，请"传达者"和"倾听者"谈自己的感受，并比较两轮过程与结果的差异。

2. 症结陈述

一块橡皮擦引发的"决斗"——礼貌用语

今天，小明和小黄打架了，小明委屈地指着小黄说："你抢我橡皮。"小黄更委屈了："我只是想借一块橡皮。"原来，小黄在借的时候，什么都没说就直接拿走了，小明看到了非常生气，立刻抢回来，并指责道："你拿我东西！"两人于是大打出手。

3. 群策群力

学生分析这一故事，分享自己在学校生活中的相似经历，引导学生表达自己的感受，并请学生群策群力，给出好建议。

4. 合作探究

同桌间自选一种情景，双方各用不同的方式进行表达，一方用"请""谢谢"等礼貌用语，另一方用"呼来喝去"的方式。每个人都将自己"说"及"听"的感受写下来，在课堂上进行讨论。

5. 点评分享

同样一个内容，不同的人倾听会有不同的感受，因此，说话人应该注意自己的用语，做到礼貌、温和。一个"请"字，一声轻柔有礼的"谢谢"，能让我们在恰当表达自己需求的同时，也让他人感受到我们的礼貌与友好，让他人能心情愉快地给予我们帮助。

6. 总结深化

每个人都有求助于他人的时候,说一声"谢谢",道一句"不客气",好好表达,好好相处,我们都是好朋友!

1. 预设与生成情况的表述

学生在"合作探究"环节对指令不太能理解,在表达上存在偏差,对"请""谢谢"的意义认知不足。在讨论过程中,课堂纪律比较混乱。另外,学生在写下自己的感受时表达不够清晰,感受非常单一。

2. 课堂调整

给学生提供明确的句式:

礼貌:"请把/将_____给/借我用一下,可以吗?谢谢!"

无礼(语气粗鲁):"把你的_____拿给我!"

3. 课后建议

一年级学生的注意力容易分散,游戏应当设置于课堂中间,这样学生的注意力可以及时被游戏拉回来。

整个课堂至少需要做出两个调整:第一个调整是把游戏导入环节放在"橡皮擦"故事之后,让学生先讨论"礼貌用语",再在学生状态下降的时候开展游戏,将课堂过渡到"倾听",以联结"礼貌用语"与"倾听",使课堂中心更加明确;第二个调整是在"合作探究"环节,课件上要明确给出讨论的句式,一年级学生的理解力相对弱一些,思维比较发散,容易跑偏,明确的"礼貌用语"句式可以有效地约束他们。

 **简要点评**

入校新生虽说不是乌合之众,但他们自由散漫惯了,对学校的规矩知之甚少。对他们的自由散漫如不及时纠正,将影响学生间的交往和学习活

动的正常开展。本课抓住了这一问题来展开教学,引导学生融入班集体,懂规矩,知礼仪,学习合作,学习生存。上课伊始,两次"我说你画"游戏很有趣,可以让学生在比较中感受交流的重要性。人际交流的顺利进行得益于用语的正确和方式的得当,课中几次礼貌用语和粗俗用语的比较,能较好地让学生感知选词用语和话语方式在交际中的重要作用,从而学习正确地表达诉求及观点,得体地回复别人。这种训练不可能一步到位,必须反复强化。

善言·暖心·力量

福田区荔园外国语小学（西校区）三年级　陈晨

学习目标

（1）区别生活中的积极语言和消极语言。

（2）能够将消极语言转化为积极语言。

（3）体会积极语言如何改善人际关系。

学习要点

（1）正确使用积极语言。

（2）努力改善人际关系。

设计初衷

本课根据中年级段学生在学习和生活中，由于不懂得使用积极向上的语言调解问题而产生的消极情绪和负面影响，甚至造成不良后果的现象而设计。

形式和方法：采用小话剧形式，运用调查表、"太阳树"、书信、小纸条等方法。

预设达成：学生使用正面积极的语言来改变自己的消极思想，改善由负面情绪而导致的不良后果，实现自我认识和人际关系的正常化。

1. 激趣导入

听家庭生活和学校生活中不同人物之间的对话，体会由不同说话方式导致的不同结果。

2.症结陈述

（1）孤独的我交不到朋友。

问题展示：由于不能够正确使用积极语言而导致朋友之间的友谊存在危机。

情景：一个女孩展开一个纸条，纸条上写着："我们从现在开始不能做朋友了，她们不想让我理你了。再见！"女孩哭泣起来。（切换PPT展示）女孩嘲笑其他小伙伴，话语尖酸刻薄："你这是画画？丑死了，连个颜色都搭配不好！笨蛋！""你没长眼啊，踩到我了！走开！"

（2）一场考试引发的大战。

问题展示：由于不能够正确使用积极语言来沟通考试失常问题而导致情绪失控。这种情况多见于班级内或家长与学生之间。

情景：试卷发下来，男孩成绩不理想，默然望着试卷发呆……（切换PPT展示）在班级内，同学冷嘲热讽："哎哟，真是厉害，上升的空间这么大呢！不像我们，无敌就是寂寞啊！"回到家里，妈妈爸爸在争吵："都是你蠢，才生出这么笨的儿子！""你管过孩子吗？有本事你来教育他啊！"

（3）我是一条潜水的鱼。

学生通过匿名传纸条的方式，展示自己由于不能够正确使用积极语言而导致的各类日常学习和生活问题。

预测纸条：

> 我被孤立，很无助。

> 我成绩不好，很自卑。

> 我被嘲笑，很伤心。

3. 群策群力

（1）我有一棵太阳树。通过匿名方式收集五彩纸条并粘贴于太阳树上，展现问题所在，集中关切的问题要突出。

（2）展示太阳树上的问题，大家可以用自己现有的方式和转换积极语言的方式，通过对比来帮助同学解决问题。

（3）我想告诉你……用五彩纸条书写解决方案，并粘贴于太阳树之前的问题所在纸条的后面，落款可以自行决定是否写真实姓名。

4. 合作探究

（1）情景大变身。学生讨论情景中的人物处境，结合自身经历用积极语言在小组内进行脚本修改，然后将修改过的脚本送到小演员手上，让同学再次表演，体会不同组脚本的优劣，最后全班合作组成一个完整的积极语言的情景剧。

（2）通过对比两种表述，体会积极语言有哪些特点。用表格进行对比，表述个人在积极语言中的收获。

语言对比

情景	消极负面	积极语言	收获或感受
校园矛盾	人际关系紧张	预测：礼貌用语	
家庭指责	被动承受	预测：家庭会议	
心理自卑	压力、焦虑	预测：责任肯定	

5. 点评分享

（1）我们为什么要改变说话的方式？

（2）积极语言的表达带给了我们怎样的感受？

6. 总结深化

搭建"彩虹桥"。各组展示本小组学习到的积极语言的方法。展示形式

由学生自己决定,教师可以做课前指导工作。

1. 预设与生成情况的表述

预设学生能认识到积极语言带来的变化,在学习和生活中多使用积极正面的语言。生成与预设基本一致。

2. 课堂调整

"合作探究"活动需要精选有特点的事例,突出对比性,这样学生的体会将更深刻。

3. 课后建议

三年级的课堂教学需要给学生更多的自主性,可以把问题和困惑抛出来,让学生利用已有的知识和积极语言来尝试解决自己的问题并给予同学指导。学生课后可以通过多种形式来体会积极语言的重要性,并用积极语言帮助自己和他人更自信地面对生活。

 **简要点评**

语言是思维的物质外壳,从一个人的语言中可以分析出这个人的思想基核。当我们强调做人要宽厚时,就是强调不要刻薄地对待他人,稍不如意就恶语相向。本课设计的初衷就是希望学生在与他人交往时,多看到他人的长处并能够容人所短,在言语交际时要采取友好的态度。课中列举的各类情景,都是日常生活中常遇到的,能否妥善处理则考验着我们的智慧。本课抓住这些紧迫却又棘手的问题在学生间展开讨论,引导学生去感受消极负面语言和积极正面语言所带来的不同心理状态,进而去寻找并尝试践行较为妥当的行事方法和话语方式。这种由选择语言和话语方式来影响思维方式,再由思维方式来影响思想品质的逆向推导,能够对学生养成宽厚的性格、宽容的做派起到推动作用。

爸妈，我想对您说

福田区荔园外国语小学（狮岭校区）四年级　丁怡

活动目标

（1）在活动中讨论沟通的基本方法。

（2）在实践中掌握沟通的基本方法。

活动要点

学会并且能够运用沟通的基本方法。

设计初衷

四年级阶段的学生开始有自己的想法和主见，因此和父母的沟通也渐渐开始出现问题。他们总觉得自己不被父母理解，不被父母体谅，却又不主动和父母沟通。当真正走进学生内心会发现，不是他们不愿意沟通，而是他们不知道如何沟通。

"爸妈，我想对您说"主题班会将采取小组讨论、情景对话等形式，让学生掌握与父母沟通的技巧，改善亲子关系。

活动过程

1. 激趣导入

播放音乐视频《妈妈唠叨之歌》。

2. 症结陈述

展示三个情景对话，从中可以看出父母与子女之所以发生不愉快或误会，是因为他们的沟通存在问题。那么，我们如何和父母进行沟通？在沟通的时候应该采取什么样的态度？

3. 群策群力

学生讨论后，汇总了如下八种具体的沟通方法：

第一种，多观察——了解父母；

第二种，多一分付出——感恩父母；

第三种，不提过分要求——体谅父母；

第四种，换位思考——理解、宽容父母；

第五种，赞赏、帮助父母；

第六种，虚心接纳父母正确的意见——聆听父母；

第七种，多谈心交流，求同存异——释放自我；

第八种，说好第一句话。

4. 合作探究

你将采用什么样的方法与父母沟通呢？现在以小组为单位行动起来，待会儿请各小组上台展示。

第一小组展示：

我们小组选择运用第四种方法：换位思考——理解、宽容父母。下面是情景展示。

情景一：我数学考试不及格，妈妈知道后很生气。

妈妈，对不起……

情景二：爸爸看到我作业还没做完而批评我。

爸爸，对不起……

第二小组展示：

父亲独白：不知道从什么时候起，女儿不愿意和我沟通了，她跟我说得最多的两句话是"算了，说了你也不懂"，"不想说，说了你也不信"。可是，孩子啊，我想和你多聊聊天，我想听你分享在学校发生的有趣的开心

的或者不开心的事。

女儿独白：我和弟弟出现任何矛盾，不管错的是谁，不管我说什么，爸爸总不听，被惩罚的永远是我。我也爱我爸啊！但我总觉得他并不愿意听我解释，他也不见得相信我，那我说了有什么用呢？

在这种情况下，我们小组选择运用第七种方法：多谈心交流，求同存异——释放自我。

第三小组展示：

我们小组选择运用第八种方法：说好第一句话。

下面是情景对话：

（1）你怎么还没有写作业啊？

妈妈，您听我解释，原因是这样……

（2）东西别乱放，赶紧把房间整理一下！

好的，我知道了，我马上去整理。

（3）该睡觉了！快去刷牙！赶紧上床！

好的，妈妈。

5. 点评分享

这些方法都能让我们与父母有效沟通，并且它们都不是完全独立的。当出现了问题时，我们要学会运用不同的方法去沟通，从而改善和父母之间的关系。

6. 总结深化

我们怎样搭建与父母沟通的桥梁？

（1）与父母沟通时要理解自己的父母。

要理解父母的唠叨，理解父母对自己的殷切希望，体谅他们在关爱方式上的不当，理解他们的烦恼。

（2）与父母沟通时要尊重自己的父母。

要尊重父母的意见和建议，尊重父母的个性并欣赏父母的优点，当与父母有分歧时，不回避、疏远和顶撞他们，必要时做出让步并向他们道歉。

（3）与父母沟通时要掌握一定的技巧和方法：

➢ 主动向父母汇报在校情况；

➢ 虚心听取父母的批评和建议；

➢ 和父母聊天，缓解父母的工作压力；

➢ 主动开展有利于情感交流、心灵沟通的活动；

➢ 多和父母探讨一些新的观念、思想，通过交换不同看法来消除认识上的分歧等。

1. 预设与生成情况的表述

对于问题"我们如何和父母进行沟通？在沟通的时候应该采取什么样的态度？"预想的回答是：①打电话；②和父母聊天；③给父母写一封信。可课堂上学生的回答更加精彩，生成出很多种与父母沟通的方法。

2. 课堂调整

因为提前让学生准备了本次班会课的主题，所以在正式上课的时候，有一位学生准备了绘本《和父母相处》。为此，教师临时调整课堂内容，让这位学生读绘本，并总结出和父母沟通的方法——换位思考。

3. 课后建议

本节班会课教会了学生与父母沟通的方法，虽然学生以小组展示的形式运用了各种方法与父母有效沟通，但这是表演性质的，要想真正学以教用，应该再开展一次班会课，让家长到场，学生与家长当面沟通。并且，为了保证沟通质量，还应该请学校的心理老师到场，在一旁协助。

 **简要点评**

家长与孩子的沟通一直都不是一件容易的事情，两代人的话语方式往

往不在一个频道上。本课正是抓住这样一个关注点来设计,引导学生正确认识自己,正确对待家长。教师在备课阶段就与学生们一道预设了生活中的几个片段,在课中让学生们观看再现情景中人物间的互动方式,辨识正误,分析利弊,再经过合作学习、互助探究来寻找解决问题的最佳途径。这样的练习可以让学生们融情入境,感受到语言在人际交流中的重要催化作用。当然,任何表达出来的语言都受思想的支配,若要做得更好,就必须在思想认识方面进行提升。课中所列举的"了解父母""感恩父母""体谅父母""理解、宽容父母""赞赏、帮助父母""聆听父母""释放自我"等内容,可以帮助学生正确处理亲子关系,真正成长、成熟起来。

让"赞美"之花常开

福田区荔园外国语小学(西校区)五年级 曾玉梅

（1）通过游戏让学生感受到赞美会带来快乐和自信。

（2）通过游戏让学生掌握赞美的技巧，学会赞美他人。

通过活动，掌握一些赞美他人的方法和技巧，能赞美身边的每一个人。

设计初衷

五年级学生已经形成了一定的自我意识，大部分学生善于发现他人的缺点，却常常忽略他人的优点。五年级学生已经开始关注自己在他人心中的形象，也希望能够得到同伴的肯定，因此，教会学生真心地赞美他人很有必要。

1. 激趣导入

同学们课前准备做得真好！坐姿显得真精神！课前诵读的声音真好听！看着你们老师特别想给你们上课，觉得上课很有劲儿！听了老师的话，你们的心情怎样？（高兴！）今天的课让我们从一个游戏开始。

老师把赞美班级学生的纸条放进纸盒，分别请同学抽取其中一张纸条并念出内容，让其他同学猜猜这是谁？（游戏《猜猜 ta 是谁？》）

被抽中的同学谈谈，当听到他人这样赞美你时，你的感受是什么？

教师总结：莎士比亚说过，"赞美是照在人心灵上的阳光。没有阳光，我们就不能生长"。相信大家从咿呀学语到迈出人生的第一步以及开始读书识字，都得到过父母、老师、同学的赞美。"欲先取之，必先予之。"想在生活中得到他人的赞美，首先就必须学会赞美他人。今天我们就来学学怎么赞美他人。（板书课题）

2. 症结陈述

请学生讲事先准备的《莱特兄弟的故事》：莱特兄弟在八九岁时特别淘气。一天晚上，两人在树下玩耍，抬头一看，透过密密麻麻的树叶，一轮明月正挂在树梢上。两个孩子高兴地跳起来，就爬上树去摘月亮，结果月亮没摘到，还不小心撕破了衣裳，摔伤了腿。父亲知道后，不但没有指责孩子，反而给予了赞扬："你们爬上树去摘月亮的想法是有趣的、新奇的、伟大的。可是你们想过没有，月亮很高，在树梢上怎么能摘得到呢？我希望你们将来制作一种有神翼的大鸟，骑着它到天上去摘月亮。"小哥俩听了父亲的赞扬和鼓励，就决心去造这种"神鸟"了。后来，他们不断设计凌空搏击的"神鸟"，终于成功地发明了世界上第一架飞机。

学生讨论和交流：如果莱特兄弟的父亲不是表扬、鼓励他们的探索，而是狠狠地揍了他们一顿，结果将会怎样？

你得到过他人赞美或者赞美过他人吗？"赞美"给你带来了什么？（快乐、勇气、友谊、团结……）

教师小结：赞美的力量很强大，它能激发人的潜能，还能让我们获得更多的快乐、友谊……赞美悦人悦己。

3. 群策群力

人们常说，良言一句三冬暖。的确，赞美的力量很大，人生缺少了赞美，就缺少了前进的动力。但是，所有的赞美都能被他人接受吗？

请学生表演心理情景剧《这般赞美》。

在一节音乐课上，小东演唱了一首《加油歌》，结果由于太紧张，小东唱跑调了，而且有的歌词临场忘记了，小东垂头丧气地走回座位。这时，同桌小明拍手赞美小东："你唱得太棒了，简直比原唱歌手唱得还好听呢！"小东"哼"了一声，趴在桌子上哭了。

学生看完交流感受，思考：如果自己是小明，应该怎样对小东说呢？

小组讨论：我们在给予他人赞美时应该注意些什么？

教师小结：小明好心的赞美并没有让他受到欢迎，所以我们都要记住，赞美他人时一定要做到：态度真诚、内容具体、及时恰当、真实有分寸。

4. 合作探究

借用"击鼓传花"的游戏，随机选出同学现场赞美：

➢ 班上有一位同学唱歌好听，我会对他说……

➢ 同学穿了一件新衣服，我可以对她说……

➢ 同学在竞赛中得奖了，我想对他说……

➢ 一位男同学主动帮助一位受伤的女同学拿书包，我想对他说……

每个情景找出两到三名同学赞美。

5. 点评分享

卡耐基说过，每个人都是独一无二的。相信你很想赞美一下你周围的某一个人，那就快快拿出你的"赞美卡"和笔，把你真诚的赞美写下来，把你热情的赞美送出去吧！大家想一下，我们可以从哪些方面进行赞美呢？

学生：学习、书写、纪律、体育、劳动、卫生、性格、特长、爱好……

学生写"赞美卡"。

教师温馨提示赠送"赞美卡"应注意的细节：面带微笑→走近朋友→双手送上→直视对方→真诚赞美→相互欣赏。

6. 总结深化

同学们，请不要吝啬你的赞美，因为赞美是春风，能使人温馨、快乐；请不要小看你的赞美，因为赞美是力量，能使人自信、勇敢。

朗诵诗歌《赞美》。

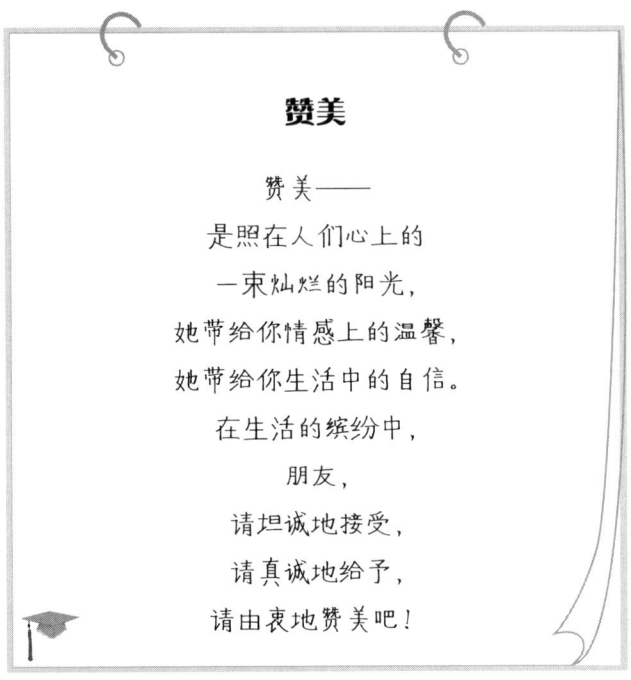

赞美

赞美——

是照在人们心上的

一束灿烂的阳光,

她带给你情感上的温馨,

她带给你生活中的自信。

在生活的缤纷中,

朋友,

请坦诚地接受,

请真诚地给予,

请由衷地赞美吧!

1. 预设与生成情况的表述

很欣慰把"赞美"作为五年级班会的主题。到了高年级,许多学生慢慢开始害羞,不太习惯对他人说赞美的话,认为赞美等于阿谀奉承。在学生中,一部分人扭曲了对赞美的认识,忽略了赞美的力量;另外一部分人不知道如何赞美,分不清用什么样的语气、在什么情景下赞美。因此,在"击鼓传花"环节,当某位学生赞美他人时,有人不认可,甚至觉得他夸大其词。

2. 课堂调整

当有学生不认可这种"赞美"时,教师顺势进行了采访,问他,如果是你,你会如何赞美?教师还让他们进行换位思考,让听到赞美的同学谈谈感受。瞬间学生们便明白了,赞美的语言应该发自内心,表达的是真正的欣赏和认可。教师提醒他们,表达赞美时不仅要留意语言,还要注意语气和语调。

3. 课后建议

"击鼓传花"游戏似乎只是为了增加课堂的热闹程度，可以改成小组活动，让组员在组内"赞美"自己的学习伙伴。不选择赞美自己学习伙伴的，也可以选择赞美其他班同学。可以请"赞美者"与"被赞美者"现场演示，并谈谈各自的感受。这样的活动会调动更多参与者，真正让每个学生在课堂上都能体验"赞美"的力量。

简要点评

正如课堂引用莎士比亚的话一样："赞美是照在人心灵上的阳光。没有阳光，我们就不能生长。"赞美在生活中是很重要的交际方式之一，人与人之间因为赞美而互敬互助。然而，五年级学生涉世不深，还不太会赞美，往往词不达意。本课基于此而设计，且学习过程安排得不错。上课伊始，教师就毫不吝啬地使用大量褒义词来让学生感知赞美的激励作用，进而在后面的《莱特兄弟的故事》《这般赞美》和合作学习、互助探究中，让学生反复感受赞美在生活、学习中的作用，并且通过学生间的重新审视、对优点的互相称赞来验证学习的效果。这样的设计能够让学生深入体会到，在平时的生活中要多关注身边同学的优点和长处，及时予以客观的评价并送上真诚的赞美，这对同学间的团结互助是很有益处的。人并非生活在真空中，尽管人无完人，但多关注他人身上的优点和长处，对培育自身的正直和善良也是会有帮助的。

爸爸来了

福田区荔园外国语小学（西校区）六年级　赵月华

增进父亲与孩子的感情，了解父亲的教育对于建立孩子原则意识的重要性。

感受亲子之间美好的情感。

设计初衷

随着孩子年龄的增长，爸爸对于孩子的教育来说越来越重要。但爸爸因为忙于工作，或者把教育责任都给了妈妈，而忽视了孩子的教育。希望通过本课增进孩子与爸爸的情感联系，让爸爸意识到父爱对孩子成长的重要意义。

1. 激趣导入

沙画欣赏《父爱如山》。

2. 症结陈述

收集学生跟爸爸的合影：小时候爸爸陪着一起去公园玩耍、爸爸教孩子打篮球……孩子逐渐长大，爸爸的陪伴越来越少。

3. 群策群力

给爸爸写一封信，回忆儿时与爸爸的快乐时光，提出一个愿望，也可以表达对爸爸的感谢。

邀请爸爸到现场,坐在屏风后听孩子读给爸爸的信。读完信后,请爸爸说一句话,表达内心的感受。

4. 合作探究

邀请爸爸来学校参加亲子活动,在亲子活动中增进感情。

活动一:爸爸在哪里?

学生被蒙住眼睛,通过摸手猜猜谁是自己的爸爸。

活动二:心有灵犀。

主持人提问,父子(女)分开同时作答,答案一致的得分。

问题1:爸爸最喜欢吃什么菜?

问题2:写出三位孩子好朋友的名字。

问题3:爸爸的生日是什么时候?

问题4:孩子最喜欢什么颜色?

5. 点评分享

爸爸和孩子之间因为陪伴才会了解,因为了解才更加互相体谅。

6. 总结深化

鼓励多维尝试、大胆实践。

播放音乐《父亲》,齐唱歌曲。

1. 预设与生成情况的表述

以《父爱如山》沙画欣赏导入课程,达成亲子情感的触动和共鸣;孩子给父亲写信,提供一种亲子沟通的方式;"心有灵犀",增进亲子了解。课堂生成与预设基本一致。

2. 课堂调整

增加一个"真情对话"环节,读完信后请爸爸谈感受,可以跟孩子互动，亲子间进行温情对话。

3. 课后建议

可以增加父亲工作环境或者承担家庭责任时的视频，让学生了解父亲的不易，理解父亲肩负的责任和所承受的压力。

简要点评

有一个段子这样说：妈妈在家里是孩子最贴心的人，孩子在家交流最多的人是妈妈。有一次，孩子终于跟爸爸说话了，说出的话是："爸，我妈在哪儿？"是啊！爸爸这个角色在家里虽然举足轻重，但却往往因为沟通不畅，很难走进孩子的心里。这当然有做爸爸的责任，但孩子能否做得更好些，与爸爸顺利沟通呢？本课就是基于这个问题来设计的。从课程的整体来看，设计得较完整：以沙画《父爱如山》来唤起孩子对爸爸的美好回忆，再以"与爸爸的合影照片"实录来强化父子（女）两代人的交往记忆和情感牵连。当把爸爸唤回到面前后，再以一封书信的方式，引导孩子把想说而没有说出的话"当面"呈现出来，表达自己的心声。然后，再以亲子活动来印证父子（女）连心，一方面让孩子更贴近爸爸，另一方面让爸爸认识到自己的责任，百忙中要多关心孩子的健康成长。家庭是一条船，妈妈是桨，爸爸是帆，要想乘风破浪，必须齐心协力。这样的课，对孩子、对家长都很重要。

栏目七 有效合作

　　合作是指人们在生活、学习或工作中，为追求共同的目标而表现出的一种协调行为。在合作当中，双方应该是自愿、平等、互利的，这样才能让合作顺利进行下去。然而，现在的小学生很多都是"独苗苗"，是家中的"小皇帝""小公主"，全家人都围着这个"小太阳"转。孩子在娇生惯养的环境中成长，滋生了不良习气，很多孩子只会索取而不懂得给予，并且孤僻、自私、不合群。为此，本栏目将探讨有效合作问题，以培养学生的合作意识。

好同桌，手拉手

福田区荔园外国语小学（西校区）一年级　朱云霞

学习目标

（1）懂得合作的要求和好处。

（2）学会与他人合作。

（3）将感悟到的"合作"道理迁移到日常学习生活中去。

学习要点

（1）通过"贴鼻子"游戏体验合作的重要性。

（2）通过绘本分享，感悟合作的作用与意义。

（3）总结高效合作的技巧。

设计初衷

合作学习是学生学习的一种重要形式，也是培养学生可持续发展能力不可忽视的一个方面。

刚刚入学的一年级学生，年龄小，多数人能够集中注意力的时间不长，对学习的目的还不太明确，与人交往的能力也比较差，基于这些因素，不适合组织他们进行四人或六人一组的小组合作学习，而可以组织他们进行同桌之间的合作学习。同桌之间的合作学习既能有效地促进同桌之间知识的交流，提高学生的学习兴趣，也能促进学生之间的情感交流，建立融洽的同桌关系。

1. 激趣导入

活动一：贴鼻子

同学们，我们将玩一个有趣的游戏——贴鼻子！

游戏规则：学生蒙上双眼，原地转三圈，然后正确地贴上鼻子。（黑板上画了三个没有鼻子的小丑，需要学生帮忙贴上鼻子。）

邀请三名学生上台来贴。

贴鼻子结果：有的贴到了眼睛上，有的贴到了耳朵上，还有的贴到了嘴巴上。

总结：大家笑得很开心，但是没有人能准确地完成任务，这说明一个人的力量是不够的。

2. 症结陈述

活动二：同桌合作贴鼻子

刚才的游戏不成功，老师请来了一些小帮手，请刚才的三名学生再次蒙上双眼。他们的同桌悄悄地来到他们身边，游戏再次开始。同桌认真地指挥，蒙眼的学生根据同桌的提示再次执行贴鼻子任务。完成任务后，学生与自己的指挥击掌表示成功。

总结：第二次任务大家都完成了，说明什么呢？说明同伴合作可以完成很多事情。（板书：互相信任）

3. 群策群力

活动三：绘本分享《搬过来搬过去》

以问题的形式讲述绘本，激发学生的潜能。

故事内容：长颈鹿和鳄鱼想要生活在一起，它们一个很高大，一个很矮小，是怎么克服困难的呢？最后鳄鱼和长颈鹿挖了一个巨坑，建成了一个泳池。在水中，它们的高度相同。它们可以一直互相对望，幸福地生活

在一起。

听完了这个有趣的故事,关于两人合作,你们得到什么启示了呢?

请学生自由发言。

总结:我们每个人都有自己的长处和短处,只要充分利用好每个人的长处,形成优势互补,就能获得成功。(板书:优势互补)

4.合作探究

活动四:巧分棋子

长颈鹿和鳄鱼发挥它们的聪明才智过上了幸福和谐的生活。现在老师要看看你们是否也一样会动脑筋。我们先来做游戏:巧分棋子。

安排三组同桌上场,要求在五分钟的时间内,把黑白棋子分开,以速度最快者为胜方。

(1)三组同桌上台分棋子,计时员计时。

(2)成果展示。

(3)胜方谈合作过程或感受。

胜方谈感受:我们获胜的原因是巧分棋子。因为按正常思维,两个人会一个捡白子,一个捡黑子,但这样不能保证速度。我们动了一番脑子,决定我们都捡白子,那剩下的就都是黑子,不用捡了。果然,我们速度最快。

5.点评分享

原来你们既肯动脑筋,又善于分工。当两个人合作完成任务时,如果先思考解决问题的方法,再合理分工、默契配合,可以取得事半功倍的效果。(板书:合理分工)

6.总结深化

二人同心,其利断金。合作不仅能帮助他人解决问题,同时自己也能从他人那里学到新的思想和方法。我们只要充分信任自己的同桌,充分发挥每个人的优势,合理分工,就一定能取得一个又一个进步。

栏目七 有效合作

1. 预设与生成情况的表述

预设在活动中体验，在体验后感悟，在感悟后运用。活动、体验、感悟、运用是本课设计的最大特点。本课针对一年级学生的心理特点，选择了学生感兴趣并且还能体现合作重要性的游戏活动，通过"活动"这个载体，充分调动了学生参与的积极性，使他们在情感和态度上有了积极的体验，也对他们逐步明确合作的重要性起到了促进作用。生成情况与预设基本一致。

2. 课堂调整

在同桌合作分棋子时，没有获胜的小组情绪明显低落，有些相互埋怨。于是教师在听完获胜方谈感受后，也请没有获胜的小组来分享他们当时的想法。在陈述中，他们恍然大悟，意识到了对方的思路更活，于是埋怨情绪减少了，纷纷表示还想再玩一次游戏。

3. 课后建议

一年级学生合作的意识还不够强，在学科教学中，需要创设多种情景来让他们互相合作，如互相读课文、共同讨论一个问题等。在班级活动中，可以经常进行一些二人游戏活动，培养同桌的默契度和合作意识。

 简要点评

小学生进入学校，首先遇到的是一群陌生的同学，能否保障学习过程的顺利进行，很大程度上取决于能否与原本陌生的同学"打成一片"、融为一体。因此，学会合作就是这个年龄段学生的必修课。本课正是基于这样的考虑来设计的。上课伊始安排的"贴鼻子"游戏挺好，让学生们在失败与成功之间感受到了被人帮助的可贵。绘本分享《搬过来搬过去》中长颈鹿和鳄鱼最终彼此担待、克服困难、取长补短、终成和睦家庭的故事，也

能使学生们认识到，谁都有自己的个性和特点，要想和谐共处，需要每一个个体都充分懂得尊重他人。"巧分棋子"游戏比较有趣，它考验着合作者的智慧，只有巧用心思、配合完美的组合，才可能是胜利者。整节课的活动安排得很有层次感，学生们能够从这一系列活动中感受到合作的益处及集思广益的有效性。本课的板书设计也较有特点，较好地配合了学习的过程。

和责任击掌!

福田区百花小学二年级　赖荟宇

学习目标

（1）明确责任的定义，懂得责任的重要性。
（2）明白自己和他人合作时要负起责任，要做好自己分内的事情。
（3）知道在团队合作中，哪些事情是应该做的，哪些事情是不应该做的。
（4）懂得时刻监督自己的言行举止是否得体。

学习要点

（1）分清在团队合作中，哪些事情是应该做的，哪些事情是不应该做的。
（2）学会监督自己的言行举止是否得体。

设计初衷

二年级学生适应小学生活后，逐渐有了较强的上进心和个人荣誉感，乐于与老师、同学交往，建立了初步的人际关系。与此同时，现代社会居住环境封闭，公共活动空间较少，使绝大多数孩子拥有过多的家庭照顾。在集体合作的过程中，这些孩子就会表现出以自我为中心、任性、随便、想独占老师和其他一切等，不能很明确地区分"该做"和"不该做"的界限。因此，他们做事很少考虑他人，遇到困难和过错会回避或推卸，缺乏合作必需的责任意识。

本节班会课将运用实践感悟、任务驱动、自主探究与小组合作等教学策略，利用范例体验、绘本阅读及生活情景的交叉共鸣，让学生明白，在

与他人合作时要负起责任，做好自己分内的事。

1. 激趣导入

热身欢唱，聚焦课堂

（1）课前热身活动："合作操"《Give me five！击个掌！》。

（2）活动思考：为了和你身边人合作击掌，你用了什么好技巧，遇到了什么困难，发现了什么问题？

（3）从体验中提炼感悟，明确学习目标。

（4）升华范例，引出班会主题：今天我们就来"和责任击掌！"

2. 症结陈述

激趣衔接，乐读绘本

（1）归类问题，师生做好共读绘本《朱家故事》的准备。

（2）带着问题边读边思考，师生共读绘本前半部分的内容。

（3）回溯读前问题，进行四人小组合作，互相讨论，然后将问题的答案分配给每个小组成员，每人负责回答一个问题，准备在全班分享自己获取的绘本信息。

（4）小组上台向全班汇报。小组互相评议。教师点评：在小组合作讨论时，我们只有各司其职，才能在台上自然流畅地汇报。

3. 群策群力

联系生活，图文入境

观察情景图片，根据大家对情景图片的不同理解，寻找共性，说说情景图片中有哪些应该或不应该做的事情。如果是你，你会怎么做？

4. 合作探究

（1）以小组为单位，根据图片合作表演舞台剧。

（2）师生交流感悟，联系学习和生活中的事情，明确责任的重要性。

5. 点评分享

回扣绘本，意味深长

带着对责任的理解和感悟，师生共读绘本后半部分的内容，并说说自己的感受。

6. 总结深化

（1）学生交流自己今后打算主动承担起哪些方面的责任。

（2）鼓励学生分享自己本节课的所悟、所得，师生进行课堂总结。

1. 预设与生成情况的表述

在本次班会课上，活动全部以合作为依托，这一过程对于二年级的学生来说，肯定问题丛生。然而正是因为学生经历了这些合作情景中的烦恼、愉快，才能亲身感悟责任的重要性，将抽象的"责任"具象化，增强了对责任的思考和理解。比如，在小组合作讨论、组织汇报绘本信息时，很多小组都能很好地摸索出"有序""礼貌"等要素，但是等上台汇报时，结果却并不理想。经过探究，学生发现了原因：小组成员在分配完任务后，没有对自己负责的那部分答案反复练习，所以汇报不流畅。此时学生就能深刻地体验到自己的责任之大。

2. 课堂调整

因为本次班会课开展的核心形式是合作"实战"，所以要求教师在小组自主合作的前期做好责任意识的铺垫工作，然后在合作的过程中做好监督、对比和记录工作，最后在合作结果的呈现上做好观念互动和交流引导工作。特别是在合作过程中，要及时调整组内合作的氛围，修正小组可能会跑偏的任务目标，妥善处理汇报过程中的负能量评价。绝不可搞形式主义，让学生无处可悟。

3. 课后建议

责任意识仅靠一次班会课就形成是不现实的，需要今后与不同学科课堂、家庭生活及社会团队活动联动来不断强化，让学生在一次次合作活动中切实体会到负责任的重要性。

 简要点评

人活于世，不仅要对自己负责，还要充分了解自己在生活中的角色，明确并守住自身角色的位置。"学会合作，懂得责任担当"是小学生要认真对待的问题。本课较好地抓住了这一关注点，以"合作操"《Give me five！击个掌！》为切入点，让学生一下子进入设定的情景。在接下来的展开环节，师生分两个阶段共读绘本《朱家故事》，学生们在特定的故事情景中感受"守责"与"失责"所造成的不同后果，进一步感知"识责"和"担责"的重要性。学习过程中的互助合作、共同探究能加深学生们对"守责"的深刻认识。本课的展开和收束全靠绘本《朱家故事》，然而，课例方案中却没有介绍这一故事，这给阅读借鉴者带来了理解上的困难。

带着笑容团结行

福田外国语学校（南校区）小学部三年级　余坤阳

学习目标

（1）帮助学生发现自己的优点和长处。

（2）引导学生感受团队力量的强大，重视团结的力量。

学习要点

（1）感受体育的快乐。

（2）在合作中体会"团结力量大"。

设计初衷

进入中年级后，学生的个人意识逐渐增强，对班集体的认知也在提升，这是班主任培养班级团队意识的一个很重要的机会。因此，结合体育学科开展一次关于"团队"的班会游戏课，可以让学生在体育活动中爱上体育并强化团队意识。

活动过程

1. 激趣导入

热身活动：泡泡糖

目的：营造氛围，使学生体会团体中的愉悦。

时间：10分钟。

过程：大家双手搭在他人的肩上围成一个圆圈，老师站在圆圈中间。学生唱着歌转大圈，老师喊："泡泡糖！"学生应："粘几个？"老师说：

"粘×个。"大家按个数迅速聚集，没粘上的为输，需要出列并受罚（表演一个小节目）。

2. 症结陈述

动作要迅速，注意听口令。

3. 群策群力

游戏：包围与突破

目的：指出并比较每个人解决同一问题的不同方法；促进团体的凝聚力；启发同学思考，面对困难应如何建立自信心并解决困难。

时间：15分钟。

过程：

（1）突围：选出一位成员，让他站在团体中央。其他成员则用手臂互相勾结，形成一个包围圈。被包围在团体中央的成员可以采用任何方式，力求突围挣脱；而围成一圈的成员则要各尽气力，不让被包围者逃出。一段时间之后，换其他成员尝试。

（2）闯关：指定一位成员站在圈外，其他成员围成一圈并以手臂互相勾结。圈外的成员设法闯入圈内，其他成员应尽量排斥，直到闯关者成功闯入。一段时间之后，换其他成员尝试。

注意事项：事先必须移去可能导致危险的物品，包括桌椅、眼镜等。

4. 合作探究

（1）学生分享游戏体会。（感受团结的力量，明白一个人的力量在群体面前是很弱小的。）

（2）学生分享有关团结的著名例子。（筷子理论、木桶理论、拔河）

（3）学生分享在班级中的"团结时刻"。（运动会、竞赛、争班级荣誉、期末考试……）

（4）学生分享学习中如何通过小组合作互助，促进学习进步。

5. 点评分享

（1）一对一认领伙伴，一对一互帮互助。

（2）以小组为单位制定目标，共同向这个目标努力。

（3）周末时间小组约定时间共同学习。

6. 总结深化

团结需要方法，学生一定要结合自己小组的情况，选择适合自己小组的方法。

1. 预设与生成情况的表述

生成情况与预设大致相近，学生课堂参与度及教师完成度比较高。

2. 课堂调整

游戏环节耗时稍长，导致在讨论小组合作方法时比较匆忙，要注意控制游戏的时长。

3. 课后建议

可以将此课展开为两课时。

 简要点评

这真是一节别开生面的班会课，将活动安排在空阔的场地上，以两次不同的群体游戏来体会个体与群体的关系。尤其是第二个游戏"包围与突破"，作为群体的包围者要竭尽全力地铁壁合围，不给突破者以突破的机会，而突破者则须想方设法找到最薄弱的环节一举突破。这类较量型的活动可以在不同年龄段无数次地重复，当然每个参与者都能从活动中感受到团结的力量以及个人的机智灵活。这样的课作为一次体育活动课无可厚非，但果真要以班会课的面目呈现，且要上升到对学生一些非智力因素培养的高度，还是显得勉强了些，给他人留下的借鉴意义也没那么突出。

齐心协力

福田区外国语学校（南校区）小学部三年级　李启凤

学习目标

（1）使学生懂得合作的重要性，增强合作意识。

（2）学会合作并形成良好的班级合作风气。

学习要点

（1）认识到合作无处不在，体会到合作的重要性。

（2）学会与他人合作，体会合作的快乐，并能通过团结合作去完成任务。

设计初衷

合作是个体适应社会生活的重要技能。现在很多孩子不会也不想与他人合作，缺乏合作意识和合作方法。本课通过游戏活动，让学生学习合作的方法，体会因团结合作而取得胜利的快乐。

活动过程

1. 激趣导入

游戏：班级名字连连看。

游戏规则：以列为单位，从前到后，依次叠加说出同学的名字，看哪一列同学完成得最快。如，第一位同学叫小明，他说："我叫小明。"第二位同学叫小花，她伸手指向小明说："他叫小明。"再指向自己说，"我叫小花。"第三位同学叫小新，他指向第一位同学说："他叫小明。"指向第二同学说,"她叫小花。"指向自己说,"我叫小新。"以此类推,一直到最后一个同学说完。

说说取得胜利的秘诀是什么?

预设1:我们是一个小组的,彼此都非常熟悉。

预设2:我们井然有序,不慌不乱,团结合作。

2. 症结陈述

听故事:《地狱和天堂》。

故事内容:有人与上帝讨论天堂和地狱的问题。上帝带他走进一个房间。一群人围着一大锅肉汤,但每个人看上去都一脸饿相,瘦骨伶仃。他们每个人都有一只可以够到锅里的汤勺,但汤勺的柄比他们的手臂还长,自己没法把汤送进自己嘴里,只能望"汤"兴叹,无可奈何。上帝把这个人领到另一个房间。这里的一切和刚才那个房间没什么不同,一锅汤、一群人、一样的长柄汤勺,但大家都身宽体胖,正在快乐地歌唱着幸福。

想一想:为什么地狱和天堂的条件一样,但人们的生活却有巨大的差别呢?(合作)

3. 群策群力

游戏:齐心接龙传圆球。

游戏规则:

(1)六人一小组,人手一个球,把球抛给下一个人的同时接住上一个人传来的球。

(2)六人全部接住球为胜利。

说说失败、获胜的原因各是什么。

预设1:没人喊口令,不知道什么时候抛球。

预设2:大家都在说话,不知道听谁的。

……

4. 合作探究

全班讨论，提出解决方案。

（1）小组要有小组长，负责喊口令（怎么选出小组长？）——有组长。

（2）组内成员有编号（怎么安排组员发言的先后顺序？）——有秩序。

（3）组内有不同意见时，少数服从多数（怎么解决分歧？）——有商量。

（4）组内分工协作——有配合。

游戏：记忆拼图。

游戏规则：以小组为单位，在10秒钟内记下每一组分别有几个红色、橘色、紫色、绿色或蓝色的图形。全部回答正确的小组获胜。

5. 点评分享

分享用合作探究总结出来的方法玩"记忆拼图"游戏后的体会。

6. 总结深化

在日常生活中，有哪些事是在合作中完成的?

预设：大扫除、拔河比赛、艺术节表演、体操比赛、音乐会、合唱、划龙舟、小组学习。

1. 预设与生成情况的表述

学生积极参与，课堂生成情况与预设基本一致。

2. 课堂调整

"班级名字连连看"可以采取小组PK的方式进行，学生在竞争中更能体会成功与失败的意义。"齐心接龙传圆球"活动设计得有一定难度，学生经过多次试验才找到方法。

3. 课后建议

"群策群力"环节主要以游戏"齐心接龙传圆球"来引导学生学习小组合作，教师可以再增加一个小组合作游戏鼓励学生大胆尝试。不同的游戏但通过齐心协力、团结合作，仍能取得成功。

简要点评

　　课堂上的"激趣导入"环节很有意思，"班级名字连连看"这样的活动看似简单，但要做到准确无误也不是一件容易的事。同学们朝夕相处，时间久了，彼此倒可能成了"最熟悉的陌生人"——就如社会上流传的那句"咱俩熟得都忘了对方真实姓名了"。这一环节最能考验大家的熟识程度和游戏时的清醒状态。课中引入的有关"地狱和天堂"的故事亦很有趣，让学生感知到"我为人人，人人为我"的寓意，并由此引出小组合作游戏"齐心接龙传圆球"，让学生进一步感知到，每个人都不是孤立存在的，要做好自己的事，也要配合大家做好共有的事，只有守职尽责，才能和大家一道完成大事。"记忆拼图"是一个集体参与的活动，只有大家齐心协力、相互弥补缺陷，才能顺利完成任务。这样的活动有助于学生养成集体主义观念，培养积极参与、主动有为的意识。

对手？朋友！

荔园外国语小学（西校区）四年级　柳婷

学习目标

（1）让学生感受个人与集体的关系，体会在集体中每个人都很重要，激发自己主动参与集体活动的兴趣。

（2）让学生明确团队合作可以提高效率，总结出有效合作的密码。

（3）体验合作成功后的喜悦。

学习要点

（1）能够意识到个人与集体的关系。

（2）引导学生总结出有效合作的方法，体验团队合作的力量与快乐。

设计初衷

现象扫描：身处一个竞争与挑战的时代，我们必须树立正当的竞争意识，有目的地培养竞争能力。小学四年级的学生，自我意识开始萌芽，在集体生活中，与同学既有竞争，又有合作。竞争是前进的动力，合作是成功的保障，培养学生的竞争与合作意识的重要性不言而喻。

活动方式：体验。

预设目标：让学生参与进来，自己得出结论，这个结论不是老师强塞给他们的。对于亲身得来的宝贵经验，学生往往格外珍惜。因此，这节课设计了三个有梯度的活动，从认识到自己的重要性，到小组总结出如何有效合作，再到将自己的经验应用于实践中，这三个环节环环相扣，逐层递进。课的最后，希望学生能够在短短的四十分钟内，真正体会到有效合作带来的成功与喜悦，并将这种成功与喜悦牢牢记住，在今后的学习生活中都能够具备团队合作精神，体验到合作与竞争的魅力。

1. 激趣导入

神秘信封

（1）每个学生都发放一个信封，活动开始后才可以打开，并且只能自己看。

（2）PPT出示小故事，请学生大声朗读。

（3）信封内容："当老师说开始朗读之后，你不要张嘴读！"

其实全班每个孩子拿到的任务都是一样的，但朗读活动没有顺利进行下去。

2. 症结陈述

采访：对于刚才的活动，同学们有哪些想要说的？

教师小结：每个人都属于这个集体，他的一举一动都会影响到整个集体。一个桶能装多少水，取决于最短的那块板。所以，每个人都很重要，如果大家都抱着"这么多人，缺我一个也没关系"的想法，那这个集体就会变成一盘散沙，没有凝聚力。每个人的行为，不仅要对自己负责，也要对所在的集体负责。

3. 群策群力

团结拼图

（1）小组内部选举"领导者"，老师注意观察每个小组是用何种方式产生"领导者"的。

（2）小组合力完成一幅拼图。

（3）采访最快完成拼图任务的小组。（"领导者"和"服从者"各选一名谈感受。）

小结：通过采访几个小组，我们知道了在团队合作中，要想真正高效地完成任务，就要学会根据自己的能力，在团队中找到最合适的位置。一个团队中，要有"领导者"和"服从者"，"领导者"和"服从者"要相互信任。如何用公平公正的方式选举"领导者"，这是同学们要思考的问题。

4. 合作探究

解开"手链"

（1）小组成员手拉手围成一个圆圈，记住自己左右手各相握的人。

（2）在节奏感强的音乐声中大家放开手，随意走动。音乐停，找到原来左右手相握的人并分别握住。

（3）小组中所有参与者的手都彼此握住，形成一个复杂的"手链"。在节奏舒缓的音乐声中，大家在手不松开的情况下，将交错的"手链"解开成一个大圆圈。

5. 点评分享

学生交流感受，教师点评，鼓励学生畅所欲言。

6. 总结深化

在解开"手链"的过程中，"从我做起、担起责任、相互鼓励、相互信任"这四句话得到了充分的验证。经过一番探索，复杂的"结"一点点变得简单，虽然在这个过程中会遇到些麻烦，但在大家的共同努力下，最终手链还是变成了一个完整的圆圈。看到集体努力的成果，学生的成就感油然而生。只要大家的心往一处想，再复杂的难题也会在微笑中被化解！

1. 预设与生成情况的表述

三个活动的设计层层递进，学生先是认识到了自己在集体中的重要性，然后探索出集体活动中团结合作的秘诀，最后在解开"手链"这个游戏中加以运用,当"手链"被解开的那一刻,学生真正体会到了合作成功的喜悦。

2. 课堂调整

在每个活动结束后的小结中鼓励学生多发言,教师适当点评。

3. 课后建议

课堂活动中的不足之处在于,每个活动结束后的小结,大多是通过教师之口说出来的,应该多给学生一点机会,他们完全有能力自己提炼总结。

简要点评

竞争是前进的动力,合作是成功的保障。这句话所传达出的信息已经成为更多人的共识。人类社会充满竞争,适者生存的理念就是在强化竞争意识。但是,人们又是生活在"地球村"这样一个大家园里,恶性竞争、畸形发展势必破坏和谐的环境,最终让每个人都成为受害者。因此,组织学生通过学习活动来认识竞争中的合作,合作后的共赢就显得非常重要了。本课的设计凸显了良性竞争、合作共赢的要义。课堂用"神秘信封""团结拼图""解开'手链'"三个活动串起,让学生在多轮次的活动中感受到依规蹈序、团结互助、守信尽责的重要意义,从而在日常生活和学习中充分认识自己的角色并自觉担当自身的责任。在一个竞争的环境中,大家为了追求卓越,彼此间可能是对手,但更应该是相互激励的朋友,在良好的氛围中,大家可以各美其美,但只有相互借鉴、互帮互助,才能真正达到美美与共的境地。

小小合作，大大好处

福田区景秀小学四年级 郭宇星

学习目标

（1）了解合作的重要性，增强合作意识。

（2）体验合作的乐趣。

（3）培养团结合作精神。

学习要点

（1）让学生在活动体验、讨论交流、自主反思、实践感悟中掌握分工合作的方法。

（2）让学生在集体生活中学会合作。

设计初衷

心理学家舒兹认为，每个人都需要他人，都具有人际交往的心理需求，包括包容需求、控制需求与情感需求。如果一个人只局限于自己的知识，而不懂得与人合作交流，那么他的潜能就根本无法施展出来。分工合作是越来越受到人们关注的一种非常重要的能力。

目前，城市小学生多为独生子女，是全家备受关注的焦点人物，宠爱之下，出现了一些畸形的"孩子中心现象"。孩子在家里说了算，做起事来很少想着他人，与人合作的机会更是少之又少，因而导致其在家庭、学校生活中越来越多地表现出不合群、不善于与人合作的特点。在进行小组合作学习时，学生往往互动、交流积极性不高。因此，在小学阶段培养学生

的团结合作意识，增强他们的团结合作能力非常必要。

1. **激趣导入**

（1）观看视频（《五指争功》https://v.qq.com/x/page/v0188yv20g7.html.），提出问题：五指中谁的功能最大？回答之前，先在现场动手实验：请用一根手指拿苹果。一根手指怎样才能拿起这个苹果呢？学生用一根手指示范失败。

（2）然后再请学生：只有几根手指一起配合，才能拿起苹果来。（学生演示）

（3）老师总结，引出课题。（板书课题：有效合作）

2. **症结陈述**

五指各有所长，只有它们各司其职，相互配合，才能高效地完成任务。

3. **群策群力**

我们要学会合作，分工合作能大大提高做事的效率。

4. **合作探究**

探究一：活动中的合作

过渡：孩子们，看完故事我们知道生活中有许多事情需要我们互相配合、分工完成。那怎样合作才是有效的呢？我们先来玩个游戏。

活动一：坐地起身。

规则：

（1）两个人一组，背对背地坐在地上，双手互挽。

（2）两个人双手不接触地面，在最短时间内同时站起来。

活动二：取乒乓球比赛。

规则：

（1）每组各选派两名同学参加比赛，每人一个勺子和一个盒子。

（2）只能手握勺子末端取球置于盒中。

（3）先取完球者胜。

游戏体验完，教师先采访失败的一组：你们输在什么地方？

然后，教师采访取胜的一组：

你们取胜的秘诀是什么？

你们小组是如何完成任务并取胜的？

通过这两个游戏你有什么体会？

教师总结：分工合作很重要，我们既要提升自己的个人能力，在团队和集体生活中更要齐心协力、顾全大局。

探究二：故事里的合作

（1）出示故事《拉不动的车子》。教师提问：同学们听过《拉不动的车子》这则寓言吗？请小明同学来给我们讲一讲，其他同学认真听，看看这个故事给了你什么启示。

（2）学生回答。（有共同的目标才能拉动车子）

（3）总结：合作要目标一致。（板书：目标一致）

探究三：生活中的合作

（1）创设情景：请你做个小小心理辅导员，帮他们解决实际生活中遇到的问题。

（2）播放学生事先录制好的视频。

情景一：几个班干部在讨论如何布置黑板报，其中有两个人的意见不相同，谁都不让谁，产生了矛盾。（沟通）

情景二：学校运动会，男子100米接力赛，在比赛过程中一个同学由于不小心掉棒了，导致整个小组失败，小组的所有同学都责备他。（宽容、理解）

情景三：语文探究性学习，小组共同完成学习任务单，然后推选小组代表上台展示，其中有一名同学认为反正登台展示的代表不是自己，就不

去凑热闹了，完全不参与小组分工。（心中有集体）

将全班学生分为4人一组，请大家在心理辅导员的记录本上给出解决方案。要求：

（1）小组自由讨论，组长列举组员所出的主意。

（2）每组派一名代表上台粘贴并分享本组讨论后给出的建议。

5. 点评分享

请几名同学说一说，在日常的生活、学习中，有哪些事情需要分工合作？

6. 总结深化

教师鼓励学生多维尝试、大胆实践。

教师总结：合作能让事情更容易成功。分工合作可以提高集体办事的效率，给我们带来更多的乐趣。只有学会与人合作，才会更成功！

1. 预设与生成情况的表述

本节班会课目标明确，让学生了解在生活中合作的重要性，并初步学会如何与他人进行有效合作。预设的学习目标基本达成，从观看故事、亲身体验合作的乐趣，再到解决学生在实际生活中遇到的问题，整个课堂生成得很自然，氛围很活跃，游戏体验的学习方式极大地提高了学生的学习兴趣与参与积极性。

2. 课堂调整

学生的游戏参与度很高，教师在时间把控方面有所欠缺，因此在后面的小组合作解决生活中实际问题环节，不得不缩减学生的讨论时间。

3. 课后建议

"学会学习、学会创造、学会合作、学会生存"是当代教育的主题。对于班主任来说，在班级形成固定的合作小组前，要充分考虑合作小组成员

的搭配，做好充足的准备，尽量根据学生的学业成绩、学习能力、性别、兴趣爱好、家庭背景等因素进行成员划分。一般四至六人一组，尽量保证一个小组内的成员各具特色，成员之间具有一定的差异性和互补性，能够相互取长补短，保证小组竞争的公平性，从而使小组活动有更多、更丰富的信息输入输出，以激发更多的观点，在学生之间形成有效的合作机制。

 简要点评

"学会合作"是当今学生要掌握的一种能力。当今社会人与人的联系日益紧密，要做成一件事情，离不开人们的通力合作。因此，学生从入学开始就要学着与他人打交道，并努力在合作中共享共荣，共同进步。本课正是基于此前提而设计的。课程以《五指争功》导入颇有新意，能较快地把学生带入对合作的认知中来。接下来，教师又连续设计了几个活动，包括"坐地起身""取乒乓球比赛"，以及分享故事《拉不动的车子》，围绕合作强化学生的认知，让学生感受到合作在生活、学习中不可或缺。这一系列活动贴近学生生活实际，能给学生带来深刻的认知。课程的后半部分，再将学生常遇到的三个情景片段展示出来，进一步让学生认识到合作的重要性。这种不断强化感受、深化认知的设计，给人留下了深刻的印象，也能够促使学生较全面且深刻地理解"学会合作"的要义。

最棒的团队最棒的我

福田区皇岗小学六年级　刘婷

学习目标

（1）了解团队协作的重要性，鼓励团队成员积极地沟通。

（2）增强团队成员的归属感，激发学生的合作精神。

学习要点

（1）了解并体验信任、团结之于团队协作的重要性。

（2）引导学生学会在团队中有效利用有限资源。

设计初衷

现代社会，很多事情需要人们之间的通力合作。"同行，行得远。"培养学生的团队协作意识尤为重要。

活动过程

1. 激趣导入

学生游戏：每个学生都到场地中央的盒子里选取一张自己喜欢的卡片，根据自己所选卡片的颜色与形状，寻找自己的团队伙伴，并相互介绍自己。

2. 症结陈述

视频呈现趣味运动会团队合作项目的不同表现，学生可以直观感受到好的合作是取胜的关键。

3. 群策群力

学生活动：取队名

通过课堂开始环节的游戏，学生发现自己的团队成员和自己既有相同点，又有不同点，每个团队都需要一种精神作为引领，取队名可以鼓励团队成员互相沟通，也可以将团队成员团结在一起。

各团队介绍自己的队名以及为什么选用这个名字，汇报形式可多样。

4. 合作探究

团队活动：传送带

给每个团队发放20张报纸、一把剪刀、一卷胶带，队员要凭借手里的资源，制作一个完整的传送带，并用此传送带将全团队成员从起点运送到终点。要求在整个运送过程中，所有成员都不能与地面有任何接触。

学生分享：团队能够最快完成任务的有利因素有哪些？是什么因素导致有些团队进程比较慢？这个游戏给你的最大感悟是什么？（团队关键词：有效利用资源）

学生活动：盲人过河

每组派两位成员在眼睛上绑上头巾假扮"盲人"，场地中设置各种障碍，"盲人"尝试在其他成员的提示下安全过"河"。

活动结束后，"盲人"分享自己过"河"时的困难、心理的变化、顺利过"河"的原因及感受；其他学生分享帮助"盲人"过"河"时的想法。（团队关键词：信任）

5. 点评分享

小组合作：团队合作可以帮助我们更高效地完成任务，可以让我们在信任中加深友谊。一个好的团队，除了合理利用资源、相互信任之外，还需要哪些特质呢？请在组内讨论并完成小组契约卡。

各组展示讨论结果。

6. 总结深化

当团队合作是出于自愿和自觉时，必将产生一股强大而且持久的力量。

遵守、践行各组的契约，相信大家会收获更多！下次班会，我们一起来为我们整个班级这个大团队取队名、拟定契约。

1. 预设与生成情况的表述

活动即教育，本节课设计了一系列团队活动，学生在活动中有了真实的感受，能更深刻地体验到团队合作的重要性，从而培养学生的自觉合作意识。值得欣喜的是，在一次次合作中，可以看到每个团队的配合都越来越默契，团队精神初显。

2. 课堂调整

取队名是团队成员的第一次合作。在汇报环节，建议各组用"我们是最棒的团队"等语言作为汇报结束语，以增强团队自豪感、认同感、凝聚力。

3. 课后建议

课堂中的游戏环节，需要有宽敞、安全的场地，老师上课前需要细心选址。

 简要点评

合作共事，怎样才能发挥最大效益，这考验着每一位参与者的智慧。本课旨在引导学生认识"有效合作"的意义。上课伊始，学生依据规则临时组建团队，并讨论为团队取一个队名。这种临时性的拼组团队，为后面的合作制作"传送带"并运送队员做了铺垫。几个相互独立的团队共同用报纸制作"传送带"，并前后相续地钻入"带"中，一起有序地滚动前进而又不使它破裂，这个活动既有趣又有难度，能够吸引学生积极参与，并使学生意识到自己在团队中应该担当的责任。第二次活动"盲人过河"是对团队成员相互信任的一次考验，较好地深化了对"传送带"活动的认知。要想让团队在活动中取胜，就要将小我融入大我之中。

英语彩虹

福田外国语学校（南校区）小学部六年级 张洋帆

学习目标

（1）学会在英语课堂上互助合作。

（2）提升英语学困生的学习自信心和自我认同感。

（3）平衡不同层次学生在英语课堂上的学习能力。

学习要点

（1）将竞争积分制引入英语课堂，并完成不同难度系数的设置。

（2）学生能够准确了解自己在英语课堂上的学习能力。

设计初衷

高年级学生英语分层比较明显，教师也因此而感到苦恼，组织教学有一定难度。希望通过本课的学习，学优生主动帮助学困生，从而达到英语课堂上小组学习环节的高效合作。

活动过程

1. 激趣导入

教师可以选用学生喜欢的任意一首英文歌曲进行导入，也可以选择让学生动起来的中文歌曲进行导入。

2. 症结陈述

以案例的方式展示问题。例如，张三在英语学习上非常不自信，在小组合作学习、互助研讨时很没有存在感，而且答题答不出来时还要被小组的其他同学嫌弃，他心里很难过。（教师也可以选取自己班级的实际案例，在保护学生隐私的前提下，尽量贴近自己班级的实情。）

3. 群策群力

列举大家所出的主意：

（1）赋予英语基础不同的同学不同的答题颜色，每个同学都答题才能拼成七种颜色，六个组员代表六种颜色，在六个组员答题完毕，任意一个组员再回答问题都可以得到第七种颜色，形成英语彩虹。

（2）布置课后全班达标任务，达标后可获得班级奖励一次。

（3）结对仪式，通过组内两两合作，考查一方，检查另一方的帮助效果。

（4）实行翻倍叠加的组合奖励制度。

4. 合作探究

小组选择某一种方法尝试实效并展示过程。

（1）讨论组合结对对象，进行初步结对。

（2）举行结对仪式，用仪式感来加深学生对这一组合的认同并欣然接受。

（3）挑战单词记忆。

（4）闯关（英语阅读），朗读英语绘本，学优生帮助学困生。

5. 点评分享

给予每位同学以鼓励，对小组在课堂上的表现寄予希望，并且特别表扬基础弱的学生，使其产生为小组争光的动力。

6. 总结深化

鼓励多维尝试、大胆实践。

在这节课中，很多学生都发挥得比自己预想的更好，比如记住了某些记不住的单词、读出了某些难读的句子等，更有很多学生充当起了老师的角色，教会了很多同学，这就是有效的合作。

1. 预设与生成情况的表述

因为学生能够在教师的指导下生成英语课堂小组合作积分细则，所以教师鼓励学生通过小组合作来为小组获得更高的积分，从而激发了组员之间的互相帮助、团结协作。

2. 课堂调整

在小组结对的时候，要合理地根据学生的基本情况进行搭配，如果学生的分组不合适，教师应该尽量引导其改变分组，从而达到合作的真正有效。

3. 课后建议

对于部分学生，在课后还要进行个别的鼓励，尤其是基础较弱而在本节课又没有发挥好的学生，怕他灰心，更需要鼓励。

 简要点评

这是一节学习方法指导课。其实，单从培养识记能力方面来说，不唯英语，所有学科都需要这样的识记训练。因此，设计好这类课对促进学生学习、培养其识记能力都是有益的。课中所列举的现象"在英语学习上非常不自信，在小组合作学习、互助研讨时很没有存在感，而且答题答不出来时还要被小组的其他同学嫌弃，他心里很难过"是常见的，而针对此现象的解决方法却有些模糊，它与培养并强化一个人的识记能力关系不大。一个人的能力可分为五个层次，即识记、理解、应用、分析和综合，识记能力是最基础的，培养它是需要做些认真具体的研究的，因为除了一些共性的特征如静心、捕捉信息、快速复制、成功再现之外，对个别人得因材施教。而对英语学习内容的识记则要注重三个层面的统一，即"培养出喜爱英语的情绪""掌握学习英语的路径""坚持在具体的语境中不断使用英语"的统一。

后 记

书稿终于付梓！这是一年来工作室老师们的实践成果，此刻一篇篇回顾，心里真的非常感慨。

两年前，我们开始了以"积极心理学"理念为核心的小学生情商培养的实践研究。我们希望通过引导学生对学习和生活产生的积极影响来促进他们了解自我、悦纳自我，继而培养自己情绪管理的能力和健康的心理；同时我们也利用班会课以及课内外各种活动来培养学生适应环境的能力，充分发展潜能促使学生在不同环境都能找到归属感，进而提升价值感和尊严感。

我们做了很多尝试，慢慢理清了心理班会课的主要模式，继而又把我们的课程内容设定为七个方面，因此也就有了本书的七个栏目。于是，老师们的实践研究更加聚焦了，尽管有些课还不成熟，但我们依然乐此不疲，都觉得是在做一件很有意义的事情。哪怕本书中的案例还有很多遗憾，我们觉得只要能够给广大班主任带来一点点思考，那就是它最大的价值！

五十篇班会课案例得以结集出版，感谢工作室伙伴们的互相扶持与执着探索，七位栏目的负责人赵月华、朱云霞、余坤阳、张洋帆、赖荟宇、柳婷、李启凤尽职尽责地帮忙修改、整合稿件；感谢学校领导、同事、朋友们的支持和帮助；感谢专家、同行的启发，本书借鉴了他们的部分游戏；感谢华夏出版社的精心编排。没有各方的支持和帮助，就没有今天拿在手上的这本充满质感的书。

由于时间仓促，书中不成熟的地方敬请批评指正！

全远姬

2020年6月